Martin Hagenmaier

Plötzlich in der Psychiatrie

Ein verrückter Arbeitsplatz ganz normal

Martin Hagenmaier

Plötzlich in der Psychiatrie

Ein verrückter Arbeitsplatz ganz normal

FSC
www.fsc.org
MIX
Papier aus ver-
antwortungsvollen
Quellen
Paper from
responsible sources
FSC® C105338

Bibliografische Informationen der Deutschen Bibliothek:
Die Deutsche Bibliothek verzeichnet diese Publikation in
der Deutschen Nationalbibliografie; detaillierte bibliografische Daten sind im Internet unter http:/dnb.d-nb.de ab-
rufbar.

© 2024 Martin Hagenmaier
Verlag: BoD • Books on Demand GmbH, In de Tarpen
42, 22848 Norderstedt
Druck: Libri Plureos GmbH, Friedensallee 273, 22763
Hamburg
ISBN: 978-3-7597-8629-6

Inhalt

„Mein" Krankenhaus

Es ist ein wenig merkwürdig, dass ich das ehemalige Landeskrankenhaus „mein Krankenhaus" nenne. Ich habe dort vierzehn Jahre als evangelischer Seelsorger gearbeitet. Es war also nicht „mein" Krankenhaus. Aber es war doch mein Krankenhaus, in dem ich meine Tage verbrachte. Dort hat auch meine Frau gearbeitet. Dort sind meine Kinder in den Kindergarten gegangen. Dort waren wir sozusagen zu Hause.

In Zahlen ganz kurz umrissen: Damals 1150 Betten, sieben Abteilungen, 30 Ärzte, insgesamt rund 850 Beschäftigte, die in den verschiedensten Berufen arbeiten, vor allem als Schwestern und Pfleger, aber auch psychologisch, in der Verwaltung oder in der Ausbildung Tätige, nicht zu vergessen die SozialpädagogInnen. Nicht nur, aber besonders unter den Patientinnen und Patienten sind mir im Laufe der Jahre viele zu „alten Bekannten" geworden. Bei den Mitarbeitenden kommt es eher zu „normalen oder kollegialen Kontakten". Was anfangs als Bestätigung für die Erfolglosigkeit der Psychiatrie auf mich wirkte, erscheint mir heute beinahe als natürlicher Vorgang. Oft freute ich mich sogar, wenn jemand wieder eingeliefert wurde, so als sei er nun nach einiger Abwesenheit wieder zu Hause. Doch leider sind es oft dramatische Umstände, die ihn oder sie wieder hergebracht haben; distanziert nennt man das wohl das Scheitern an der „Realität" oder psychiatrisch „neuen Schub" oder „Rückfall".

Was mich in den Jahren am meisten berührt hat, war der gewaltsame Tod von Klaus Grabowski im Lübecker Landgericht. Nicht, dass ich nicht hätte verstehen können, was da geschehen war, sondern deshalb, weil es einen Menschen getroffen hatte, in den ich viel Zeit und auch viel „Arbeit" investiert hatte, von dem ich viel gelernt hatte. Es war einer meiner ersten „Fälle" in der Psychiatrie. Ich hörte die Nachricht von dem Geschehen im Radio und war damit tagelang beschäftigt. Er hatte eine typische Karriere hinter sich; eine Zeit lang erschien es, als sei er ausgestiegen aus seiner Laufbahn, die ihn in immer schwierigeres persönliches und auch rechtliches „Fahrwasser" geführt hatte, bis dann aus „heiterem Himmel" der Mord an der kleinen Anna geschah. Mir kam bei diesem Menschen die Gefährdung hautnah zu Bewusstsein, in der Menschen, die mit der Psychiatrie als Patienten zu tun haben, sich befinden. Mir scheint, man kann nie genau sagen, zu wessen Nachteil die sich anhäufende Aggressivität ausgeht, aber irgendwo schafft sie sich Luft. Sei es im Mord oder Selbstmord oder auch in der Akzeptation der eigenen Handlungsunfähigkeit, in der Ausstoßung aus der Familie, die meist schon lange vor den ersten spektakulären Ereignissen begonnen hat, sofern eine Familie überhaupt da war, in dem allmählichen Herausgleiten, dessen Fortschreiten man wohl, dessen Ursache man nicht so deutlich erkennen kann. Jedenfalls ist es ein Spiel auf Leben und Tod, das der Mensch in und um die Psychiatrie herum erfährt oder spielt.

Da ist dann auch der Selbstmord auf den vorbeilaufenden Bahnschienen, der gleich mehrere mit schweren Schuldgefühlen zurückließ, der auch von meiner Seite wohl vorauszuahnen war. Auch der, der ihn begangen hat, war ein netter Mensch mit einer "Drogenkarriere". Eine „schwachsinnige" Frau, die sich im Schneesturm auf dem Gelände des Krankenhauses verlaufen hatte, konnte nicht wiedergefunden werden und lag viele Tage später tot unter einem Baum.

Menschen wie alle sind es, verstrickt in vielfältige Schwierigkeiten, verfolgt vom Pech, Menschen, die sich immer so anstellen, dass der Schuss im entscheidenden Moment nach hinten losgeht. Menschen, die nie gelernt haben, sich ein Bild ihrer Zukunft zu machen, Menschen, die ihre Lage nicht ertragen, sondern die Wellen über sich zum Zusammenschlagen bringen. Auf der anderen Seite aber Menschen, die im Vergleich zum „normalen Nachbarn" unendlich anspruchsvoll erscheinen, wenn sie gleich in Gruppen die Forderung nach ausführlicher Beschäftigung erheben. Menschen, die mit dem bisschen, was sie haben, nicht umgehen können, deshalb nehmen, was immer sie bekommen, seien es Kontaktmöglichkeiten, sei es eine materielle Zuwendung. Menschen, die die herrlichsten Gedanken haben: „Ich bringe der Welt den Frieden!" und gleichzeitig ihr eigenes Leben mit dem maßlosen Anspruch versehen: „Wenn ich nicht gleich hier 'rauskomme, dann geht heute noch die Welt unter." Menschen, die die erste Freiheit zur Flucht benutzen, um dann entweder etwas ganz Schlimmes zu tun (selten) oder aber sich am Abend Hilfe suchend an die nächste Polizeistation zu wenden (häufiger).

Und diese Menschen sind umgeben von anderen, die hier ihr Geld verdienen, zu denen auch ich gehörte. Da gibt es solche, die nur dieses verfolgen, aber in der Mehrzahl eben doch die anderen, die aus ihrem gesunden Menschenverstand keinen Hehl machen und nach alter von Generationen vererbter Methode mit mehr oder weniger Direktheit früher oder später die „Kranken" von der Unmöglichkeit ihres Verhaltens überzeugen wollen. Im Normalfall läuft das alles seinen Gang. Im Extremfall müssen dann eben doch der Gurt und die Spritze her.

Und wer das miterlebt hat, wie jemand sich selbst verbrennen möchte, indem er sich beim Toilettengang den Bart anzündet, der kann nicht sagen, dass eine solche Haltung absurd sei.

Also: Umgeben von Menschen, die eben auch ohne Komplikationen durchs Leben zu kommen versuchen. Man kann auch nicht sagen, dass nicht ein dicker Kern von beabsichtigter Zuwendung in uns steckt und sich auswirkt, wenn man auch sehen muss, wie sehr doch die ewige Wiederkehr des Gleichen einem Menschen schließlich auch einen mehr oder weniger harten Panzer der Routine verpasst. Irgendwann einmal hat auch der Motivierteste die Auseinandersetzung satt und sieht darauf, dass der Laden läuft.

Es gibt auch Schwerpunkte, an denen sich die Todesfälle häufen. Jährlich waren es immer zwischen 120 und 160. Menschen, die hierher geschickt wurden, sei es mit dem Arm des Gesetzes, sei es vom Arzt, die hier zwei Wochen oder auch drei Monate leben. Mancher sagt während dieser Zeit nicht ein Wort und stirbt dann. Er wird weggefahren, sein Bett wird frei für den nächsten. Kaum ist Zeit, sie kennen zu lernen - bei den einen; andere sind dagegen allen so vertraut geworden, dass ihr Tod wirklich als Verlust empfunden wurde und alle noch einige Tage sich die neue Lage im Zimmer xy klar machen mussten.

Da gibt es dann auch manchmal eine Beerdigung, zu der Angehörige kommen. Soll ich da der traurigen Realität Platz geben und mit den Angehörigen froh sein, dass es endlich soweit ist, weil „man dieses Leiden doch wirklich nicht mit ansehen konnte"? Oder soll ich die inzwischen eingeschliffenen Worte von der „Akzeptation des Schwachen", der auch in Gottes Hand bleibt, hersagen?

Einmal hatte ich während einer Beerdigung eine Art Schlüsselerlebnis. Der Tote war ein damals so genannter „Oligophrener". Er konnte nicht schreiben, rechnen und lesen und sich auch nicht selbst anziehen. Er sagte auch nichts. Aber seine Mutter und seine Schwester, die mir vor der Beerdigung noch von seiner Kindheit erzählten, stießen sich während der „Ansprache" an und lächelten sich an, als ich eben dieses ganz abweichend von meinem Konzept wiedergab: „Als er klein war, wurde er schon immer von den Kindern auf dem Schulhof gehänselt, obwohl man damals äußerlich eigentlich noch nichts von seinen Schwierigkeiten bemerken konnte. Seine große Schwester versuchte ihn zu beschützen!"

Diese belanglose unscheinbare Kleinigkeit machte mir, während sie so geschah, klar: „Dieser Mensch, der hier als „Anstaltsinsasse" beerdigt wird, war ein Kind! Ein Kind, auf dem die Hoffnung seiner Mutter genauso ruhte wie auf jedem anderen Kind dieser Welt. Das sagt mehr als alle Beteuerungen der Mitmenschlichkeit, die ja doch nur den Verdacht zerstreuen wollen und sollen, der "Irre" sei in Wirklichkeit gar kein richtiger Mitmensch.

Das ist das Problem mit dem ich mich immer wieder herumschlagen musste: Alle Diagnostik, alle Distanzierung hilft nicht an dem Menschen vorbei, der unter die „Irren" gefallen ist. Er zeigt mir auch meine Möglichkeiten: die Möglichkeiten des Menschen, aus sich, aus Umständen oder aus anderem heraus einer zu werden, der sich nicht zurechtfindet oder von den anderen nicht mitgetragen werden kann. Nach einiger Zeit ist da nichts mehr, was ungewöhnlich wäre. Das Ungewöhnliche wird gewöhnlich, das sonst unter der Hand Gesagte hinaus geschrieen. Gemütszustände werden in breitester Vergröberung vorgeführt.

In der Mitte all dieser Geschehnisse und Menschen steht eine Berufsgruppe, die für alles verantwortlich ist: die Psychiater. Ihnen gegenüber klappt der übliche Verhaltsablauf noch am besten. Selbst der Mensch, der sonst seine Mitmenschen grob ausfällig behandelt und deshalb von ihnen zurückgewiesen wird, reißt sich bei der Visite, so gut es geht, zusammen und nimmt die Haltung an, die man von einem „normalen Menschen" verlangt. Wenn sich das „verrückte Verhalten" einmal bei der Visite durchsetzt, dann ist die allerhöchste Alarmstufe erreicht. Wenn jemand sich selbst vor der ärztlichen Autorität nicht beugt, muss er wirklich „echt verrückt" sein! Fortschritte in der Genesung erkennt die Anstalt am Verhalten des Patienten gegenüber dem Arzt. Wenn er oder sie sich zu zügeln wissen, geht es aufwärts.

All das spielt sich am Rande einer Kleinstadt ab, die zwar zum Teil von der Arbeit im Krankenhaus lebt, aber mit dem „Klotz" von 1150 Betten eigentlich nichts Richtiges anzufangen weiß. Die Menschen gehen hinein und heraus, aber wer das nicht muss, der tut es auch nicht. Es sei denn, man will sich (heutzutage) eine Ausstellung im Hans-Rahlfs-Haus anschauen oder eine andere eher seltene Veranstaltung mit richtigem Öffentlichkeitscharakter besuchen.

Wer „von da unten" kommt, wird im Stadtbild geduldet und auch nach dem Gottesdienst mit Handschlag begrüßt. Es gibt auch eine Gruppe von Frauen, die zum Kaffee einlädt - und das ist eine Menge an Zuwendung. Aber im Ganzen bleibt die Trennung.

Das ist aber keine bösartige Trennung. Es ist einfach Alltag. Ein Sternjournalist versuchte einmal anlässlich eines Kindermordes in Reinbek, den ein entlaufener Patient begangen hat, die Neustädter Bevölkerung mit der Frage zu ködern, ob es ihnen gleich sei, dass hier Mörder frei herumlaufen. Er bekam die Antwort, damit könne man gut umgehen. Außerdem sei hier noch nie was passiert.

Dass Leute, die abhauen wollen, sich natürlich erst mal aus dem Staub machen, um sich nach fünf oder sechs Kilometern an Hunger oder Durst zu erinnern, band ihm niemand auf die Nase. Deshalb trifft es oft die etwas weitere Umgebung, während im Ort selbst so eine Art sozialer Kontrolle schlimmere Aktionen verhindert. Freilich geht mal jemand ‚für Herrn oder Frau Doktor einkaufen'. Aber wenn das so sein sollte, kann ein kurzer Rückruf die Sache aufklären und die Sachen wandern wieder ins Regal. Fertig. Da muss kein Aufstand gemacht werden ….

Die Toten der Anstalt werden auf demselben Friedhof

wie die anderen Stadtbewohner beerdigt. Dennoch wurde mir die Lage blitzartig klar, als ein „Normaler" mich fragte: „Warum liegt denn mein Kollege auch in dieser Reihe. Kommen die Selbstmörder auch hierher?" Gemeint waren die Reihengräber, die ich mit meinen zwölf bis 16 Beerdigungen pro Jahr von Reihe zu Reihe „fülle".

Das war also das Krankenhaus, das ich meine, wenn ich von Psychiatrie spreche. Es war gegenüber meinem Dasein als Gemeindepastor die verkehrte Welt. Was in der Gemeinde als das „unbegreifliche, lange Leiden des Toten" in die Rede bei der Beerdigung einging, das war nun meine Realität. Das unbegreifliche, lange Leiden wird entlarvt als Leben im Krankenhaus, das eigentliche Leben, genauer: das was man darunter zu verstehen pflegt, rutschte in die Rolle des Lebens vor der Einlieferung, in die Rolle, aus der der Mensch nun ausgestiegen ist oder aussteigen wird. Aber es war nicht nur die Welt von hinten. Es war auch die Welt, in der die Rollen, die man sonst peinlich genau beachten muss, zumindest teilweise außer Kraft gesetzt sind. Hier gab es dafür die Rollen des Krankenhauses, die auch ihre Eigengesetzlichkeit entwickeln und die Anstalt zu dem machen, was sie ist: Zum wohlgeordneten Sammelbecken von Unbegreiflich - Begreiflichem.

Das Schönste sind die Skurrilitäten

Dass dabei bei allem Ernst auch manchmal Skurriles passiert, ist wohl von selbst klar. Das Schönste war wohl der Morgen, an dem einer der Psychologen, warum auch immer, von einer ansonsten nicht weiter auffälligen Lanzeitpatientin mit den Worten begrüßt wurde: „Guten Morgen, Herr …, hast Du heute Dein Fickmaschinchen vergessen?"

Beim Abendmahl mit Gästen von außerhalb brach es, nachdem er den „Wein" (Saft) bekommen hatte, mit den Worten „Christi Blut – für Dich vergossen" aus einem der Teilnehmer heraus: „Verdammt – das schmeckt!"

Die Mutter einer Schülerin, die mit Ihrer Tochter das Konzert des Gymnasiums im Festsaal besuchte, staunte nicht schlecht, als der von Wuchs kleine Mann neben ihr zu ihr sagte: „Sogar der Richter hat gesagt, ich bin nicht schuld. Was läuft mir der Kerl ins Messer!" Sie sah darin keinen Grund, nun mit ihrer Tochter schreiend das Weite zu suchen, sondern freute sich über diese interessante Äußerung und über die Veranstaltung.

Ein älterer Herr mit Gehstock, langjähriger Patient, stand während des Gottesdienstes auf, ging bis zur Eingangstür des Festsaales und setzte sich bei offener Tür auf die Treppe und den Hut auf seinen Kopf. Da ich gerade die Predigt hielt, fiel mein Blick genau dort hin. Normaler Weise störten mich solche Dinge nicht. Aber an dem Tag schien es mir, als sei einigen kalt. Daher schickte ich jemand hin, um die Tür zu schließen. Kaum war das geschehen, ging sie wieder auf, der Türschließer bekam das mit und ging erneut, sie zu schließen. Aber der ältere Herr hielt seinen Stock in die Tür. Da sagte ich, dann soll er das eben lassen. Es würde dann auch so gehen. Nach dem Gottesdienst fragte ich nach. Die Antwort: „Ich wollte rauchen. Wenn ich dazu auf die Toilette gehe, höre ich die Predigt nicht. Deshalb habe ich mich an die offene Tür gesetzt. Dann kann ich beides." Welch ein Eifer für das Evangelium und die Zigarette!!

Nicht nur Patienten, auch ich selber war hin und wieder skurril unterwegs. Ein Patient fragte mich, ob ich ihn in den Garten rauslassen könnte. Ich dachte kurz nach. ‚Den Menschen kenne ich doch aus der Forensik… wenn der hierher auf die Aufnahme verlegt worden ist, kann er wohl raus.' In allen anderen Fällen war klar: bei solchen Fragen das Dienstzimmer aufsuchen und sich Klarheit verschaffen. Diesmal ließ ich ihn einfach in den Garten. … Zwei Tage später rief mir der Arzt aus der Forensik zu: „Da haben Sie aber Glück gehabt!" Auf mein erstauntes Gesicht hin erzählte er mir: „Patient soundso hat in Lübeck mit einer Spielzeugpistole eine Bank überfallen und 5.000 ausgezahlt bekommen. Aber an der nächsten Ecke wurde er natürlich schon von der Polizei erwartet. Später fragte ihn der Staatsanwalt, wie er denn um Gottes willen aus der Klinik rausgekommen sei. Antwort: ‚Der Pastor hat mich rausgelassen.' Da antwortete der Staatsanwalt: ‚Jetzt halten Sie aber mal die Luft an. Den Pastor beschuldigen, da schlägt's dreizehn!' Die Sache wurde zur Akte gegeben, der Patient wieder – diesmal endgültig - in die Forensik gebracht. Ich sage ja: Glück gehabt!", schloss der Arzt seine

Erzählung. Was für ein Vertrauen setzte dieser Staatsanwalt in die Diener der Kirche!!

Regelmäßig versah einer der Ärzte den psychiatrischen Dienst im Gesundheitsamt einer etwas entfernt liegenden Kreisstadt. Ich konnte darauf vertrauen, dass er mir jedes Mal Grüße von ‚meiner Frau' mitbrachte: „Ihre Frau lässt Sie diesmal besonders herzlich grüßen!" sagte er jetzt. „Es geht ihr wieder so gut, dass ich fürchte, wir müssen sie bald einweisen. Sind Sie damit einverstanden?" Er freute sich über diesen gelungenen Gag! Wenn ‚meine Frau' im Krankenhaus war, sagte sie zu mir nichts, sondern winkte nur aus dem Fenster, wenn ich vorbei ging.

Im Besucherraum saß Herr Z. mit seiner Frau und seinem Sohn. Die Patientin war die Frau. Auf mein ‚Guten Tag!' hin stand Herr Z. auf und fragte, ob ich der Pastor sei. Dann müsse er mit mir sprechen. „Sie wissen, dass meine Frau eine ganz große Katastrophe erwartet. Wie gehen sie damit um?" „Ich versuche, sie als Gesprächspartnerin ernst zunehmen." „Sie wissen auch, dass meine Frau Ihre Worte und Ihre Person ihrerseits sehr ernst nimmt. Sie verehrt Sie geradezu." „Mir ist das noch nicht aufgefallen. Ich fand Ihre Frau eigentlich immer reserviert bis kritisch – nicht Frau Z.?" Sie sagte nichts. Daraufhin er: „Sie sind gut. Ernstnehmen. Aber was tun Sie, wenn bei Ihnen ein Lastwagen voll Salz angeliefert wird?" „Da habe ich keine Phantasie mehr. Das ist ja bereits die Katastrophe!" „Na sehen Sie! Ich weiß nicht ob man Kranke ernst nehmen kann." „Aber was wollen Sie sonst tun? Wenn Sie es nicht tun, bestellt sie eben aufgrund von Ablehnungsempfindungen einen Lastwagen voll Salz." Wir wurden uns nicht einig. Schon bei wahrscheinlich eher Gesunden ist die Verständigung manchmal schwierig.

Eine Patientin kam mit einem Zettel zu mir. Darauf stand „Durchwahl 400 – bitte anrufen". Gehorsam wählte ich die Nummer. Am anderen Ende sagte der verdutzte Pförtner: „Legen Sie ganz schnell auf, Herr Pastor. Sie haben den Feueralarm gewählt." Ein Moment des Nachdenkens hätte mich vor diesem Anruf bewahrt.

Es dauerte einige Zeit. Aber immer wieder forderten uns die Patienten auf, doch mal einen Witz zu erzählen. Da ich kein heftiger Witzerzähler bin, war mir dieses Anliegen nicht so richtig nachvollziehbar. Am Ende bat ich darum, dass sie uns Witze erzählen. Und das taten sie. Der erste Witz war sogleich ein damals so genannter „Irrenwitz". Die Gruppenmitglieder lachten sich echt kaputt und fügten noch weitere Irrenwitze mit wachsender Begeisterung hinzu. So kam es, dass wir im Irrenhaus uns über Irrenwitze kaputtlachen mussten und gar nicht zu unserem Thema kamen. Auf die Frage, was daran eigentlich so witzig sei, begannen sie erneut heftig zu lachen. Und dann kam der letzte:

„Guten Tag, Herr Professor!" „Guten Tag, Fritz! Wie geht's heute?" „Ach, eigentlich ganz gut." „Sie haben heute wieder ihren Hund dabei!" „Ja", antwortete Fritz und zog seine Zahnbürste hinter sich her: „Komm, Fiffi!" Am nächsten Tag begegneten sich die beiden wieder: „Herr Professor, ich weiß, dass das nicht mein Hund, sondern meine Zahnbürste ist, die ich hinter mir herziehe." „Dann freue ich mich sehr, dass Sie jetzt Fortschritte machen!" Das war's fürs Erste. Als der Professor außer Sichtweite war, drehte sich Fritz um: „Haha, dem haben wir's gezeigt, Fiffi!"

Was daran so witzig ist, war zu erklären nicht notwendig. Keine(r) und jede(r) wusste es, aber niemand hätte es in Worte fassen können.

Die Anfänger

Die Anfänger sind Menschen, die anderen helfen wollen, die sich in die Auseinandersetzung mit den Phänomenen hineinknien. Sie sehen im Kranken keinen Patienten, sondern einen Mitmenschen. Sie machen das normale Spiel der Kontaktsuche mit den Patienten: „Mag mich! Ich bin doch ein netter Mensch! Ich interessiere mich wirklich für dich!" Dahinter steht: „Hoffentlich werde ich hier akzeptiert!" Aber dahinter steht auch: „Es muss die Anstalt menschlicher werden!"

Der Anfänger bringt neue Ideen mit. Je schneller er sie durchsetzen kann, desto eher bleiben sie vom Rollback der Anstalt verschont. Das Rollback der Anstalt ist aber zum wenigsten eine Bosheit der Altgedienten. Die sind froh, wenn diese oder jene Hoffnungslosigkeit durch irgendetwas Neues ein wenig verschoben wird, wiewohl sie natürlich ihr Revier verteidigen müssen. Das sind sie sich selbst und auch den Anfängern schuldig. Nein - das Rollback der Anstalt ist die Häufung der Momente, in denen bei großem emotionalen Einsatz einfach nichts von der Stelle geht, der Punkt, an dem nach einem ersten durch frisches Engagement angefachten Erfolg ein Rückschlag einsetzt, in dem die erste Auseinandersetzung oder offene Ablehnung von der Seite derer, denen man helfen möchte, verarbeitet werden muss. Das Rollback der Anstalt findet in jedem früher oder später selber statt.

Jeder reagiert darauf anders. Der eine verlässt die Psychiatrie ganz, der andere sucht sich eine Spezialaufgabe, bei der er durch methodisches Vorgehen und kleine Patientenzahl einen größeren Erfolg erhofft. Der Dritte zieht dann doch lieber in die Großstadt, wo mehr Ablenkung vorhanden und evtl. sogar noch „wissenschaftliches Terrain" zu finden ist. Als ob es auf dem Land keine Wissenschaft gäbe! Der vierte wird nun einfach zum knochenharten Diagnostiker.

Seinen Weg muss ein jeder finden. Schlimm ist es, wenn er nicht in seinem Inneren bei aller Realitätsnähe, der er nicht entfliehen kann, wenn er in der Anstalt bleibt, ein wenig von seinem Anfängerdasein bewahrt.

Wenn das erhalten bleibt, wird jeder für sich außerhalb der diagnostischen und therapeutischen Bahnen ab und zu Menschen finden, denen er wirklich helfen kann. Da kommt es nicht auf seinen Dienstgrad an. Das trifft auf alle zu, die in der Psychiatrie arbeiten, und da einmal Anfänger waren. Wer es nicht verkraften kann, mit Enttäuschungen zu leben, Ohnmacht zu ertragen und alles für menschlich zu halten, was so geschieht, der wird in der Psychiatrie nicht einmal Anfänger. Er hat bestenfalls hereingeschaut. Und wer sich nicht ganz unmenschlich von den Menschen, die er zu betreuen hat, bei aller Nähe einmal distanzieren lernt, wird bestenfalls selbst Patient.

Die Anfänger sehen die Fehler der Anstalt krass und deutlich: "kaum Therapie", keine dauernde Zuwendung, kein Nachholen der meist als missglückt interpretierten frühkindlichen Beziehungen, kein Teamgeist, der sich in endlosen gemeinsamen Besprechungen ausdrückt, keine gemeinsame Einstellung gegenüber dem vorgefundenen Phänomen. Er entdeckt, dass hier jeder „nur" ums Überleben kämpft. Und er nimmt sich vor, dass ihm das nicht passieren soll. Er bemüht sich um Kontakte mit Gleichgesinnten. Er sucht eine Front, in die er sich einreihen kann. Hier muss sich doch etwas ändern lassen! Es muss doch eine Therapie (= Heilung) möglich sein! Die heimliche oder offene Darstellung der Altgedienten, dass sie das alles auch schon einmal durchgemacht hätten, kommt ihm selbstgerecht vor und einfach auch unmenschlich. Und sicher: je nach Vehemenz gelingt es in der Tat, zunächst einmal eine Bresche in das Bollwerk zu schlagen: ‚Sie haben alle genickt, als ich meinen neuen Plan vortrug.' ‚Sie haben nicht aggressiv reagiert! Kann man mehr erwarten?'

Doch schon nach kurzer Zeit teilen sich die Anfänger. Die einen sind unnachgiebig! Sie wollen nicht nur eine lächerliche Bresche. Sie wollen die Mauer schleifen! Die anderen aber finden hinter der Mauer doch dies und das, was sie interessiert, was sie vom Mauerschleifen ablenkt. Wenn so die Gruppe der Anfänger gespalten ist und das ist sie über kurz oder lang immer, beginnt der stille, aber plötzliche Rückzug derer, die die ganze Mauer weghaben wollten. Das gibt den anderen die Erfahrung, wenn vielleicht auch mit verschiedenen Mitteln, so doch für dieselbe Sache zu arbeiten wie die Altgedienten. Die einen sehen darin den beginnenden Hospitalisierungsprozess der anderen, die anderen die Selbstgerechtigkeit und fehlende Realitätsnähe der einen.

Ich gehöre zu denen, die für die anderen der Hospitalisierung zum Opfer fielen. Doch ich glaube, den Anfänger immer noch ganz tief in mir zu tragen: Immer wieder glaube ich ganz unverschämt, bei allem, was ich an Arbeit mache, irgendetwas zu finden, was diesem und jenem wirklich hilft. Oder auch nur durch Zuwendung diesem und jenem wirklich helfen zu können. Und ich glaube auch immer noch, dass viele andere das auch wollen und empfinden. Es ist gleichsam eine Parusieverzögerung, die da stattgefunden hat.

Wer die Hoffnung auf den „Durchbruch" aufgibt, der kann mit Menschen, die so schwer in Not sind wie die in der Psychiatrie, nicht ehrlich arbeiten wollen. Er wird zum Gefängniswärter.

Wer aber meint, an dem (noch) fehlenden Durchbruch seien nur die sturen Altgedienten schuld, der sollte nicht mit Kranken arbeiten. Er opfert sie nur seinen Interessen.

Sicherlich werden andere das ganz anders sehen. Es ist die einzige Möglichkeit, in der Psychiatrie in Bewegung zu bleiben die, dass andere alles ganz anders sehen.

Auch die Patienten brauchen die Anfänger. Sie brauchen ein neues Gesicht. Sie brauchen Menschen, die ihre Geschichte nicht schon zehnmal gehört haben und deshalb auf die Wandlungen gar nicht mehr achten, die die elfte Darbietung derselben Geschichte anzeigt. Die Patienten üben die Anfänger in die Psychiatrie ein, in der sie schließlich die Routiniers sind und in der sie ganz im Gegensatz zu ihrem sonstigen Dasein die Hauptrolle spielen. Von einem Patienten habe ich beispielsweise gelernt, wie man am schnellsten ganz bestimmte Dinge organisiert, ohne den

Dienstweg der Klinik einzuhalten. Als ich versuchte, eine Möglichkeit für kostengünstige Abzüge von Weihnachtsliedern zu finden, brauchte ich für die Knüpfung der ersten Kontakte zu diesem Zweck drei Tage, nach deren Verlauf der Patient mit hundert fertigen Abzügen vor mir stand - völlig kostenlos, sozusagen auf dem kleinen Dienstweg. Ich brauchte fortan nur das Gerücht auszustreuen, es fehle dies oder das. Es war manches zu beschaffen, nur ja nicht auf dem Dienstweg. Dort mussten ja erst die Zuständigkeiten geklärt werden.

Der Anfänger lernt mit Staunen: Psychiatrie bedeutet für manche Menschen dasselbe wie für Andere das Wort ‚zu Hause'. Morgen für Morgen fegt ein alter Mann die Fußwege zu Haus 24: Er tut das all die fünf Jahre lang, die ich dort vorbeigehe und er tut das auch schon viel länger. Er ist "Inventar". Ich habe seine Geschichte nicht gehört, nicht gelesen. Ich habe nur hin und wieder ein Wort mit ihm gewechselt. Nach vier Jahren fing er an zu lächeln, wenn er mich kommen sah. Er hat im Krankenhaus schon den Zweiten Weltkrieg mitgemacht. Wäre es nicht eine Strafe, ihn ohne Not in ein Altenheim zu verlegen? Da kommt mir dann auch der andere in den Sinn, den ich zu Beginn meiner Krankenhaustätigkeit zu beerdigen hatte: In seiner Akte stand schwarz auf weiß geschrieben, dass er seinen ersten Kontakt mit dem Krankenhaus in den zwanziger Jahren hatte. Damals wegen „Unzucht mit Männern". Dreimal wurde er noch für einige Monate entlassen. Aber von der Mitte der zwanziger Jahre an war er ständig da. Seine Beschreibung in der Pflegeakte: Unruhig, aufsässig, uneinsichtig. Bisweilen auch eine vorübergehende leichte Besserung, während der er sich lenken ließ. Aber dann wieder das alte Lied: Unruhig, aufsässig, uneinsichtig. Ein Verlegungsversuch in ein Altenheim wurde nach kurzer Zeit abgebrochen. Ob das für ihn auch ,zu Hause' hieß, wenn er Psychiatrie sagte?

Seine Beerdigung hielt ich 1976! Man erlebt die erstaunlichsten Dinge in dieser Hinsicht. Für mich allerdings war er der am meisten verlassene Mensch, den es je gab, weil ich damals noch nicht wusste, dass es das häufiger gibt. Seine Beerdigung fand mit einem Friedhofsvorsteher, sechs Trägern, einem Beerdigungsunternehmer und mir, dem Pastor, statt. Es war die aufregendste Beerdigung, die ich bis dahin mitgemacht hatte. Die Rollen waren plötzlich verschwunden. Wo waren die Adressaten der wohlgesetzten Beerdigungsrede, wo die „Hinterbliebenen", denen seit einiger Zeit ja die Hauptaufmerksamkeit bei der Beerdigung gilt? Ich war auch da Anfänger, weil ich nicht wusste, und auch nicht ahnte, dass es dieses Schicksal in vielfacher Wiederholung geben würde und dass auch viele Tote in der Tat ganz alleine sind, weil die Angehörigen ihre wahren Gefühle nicht zeigen und deshalb nicht dabei sein wollen.

Anfänger bedeutet aber auch; man lernt allmählich die „Richtigkeit der Theorien" kennen, die vorher als reine Theorie in Büchern stand: Die Verdrängung des Leidens aus der Gesellschaft. Sie findet hier in der Tat statt. Das ist keine spekulative Theorie. Verdrängung gibt es bis hin zum letzten Gang. Als ein Mann zu beerdigen war, der wegen eines spektakulären Auftrittes in seinem Heimatdorf, bei dem er seine Frau und sein Kind mit dem Auto überfahren wollte, in der Bildzeitung gestanden hatte, trug es sich zu, dass diese Beerdigung in unserer Kleinstadt stattfinden sollte und nicht in seiner Heimatgemeinde. Ich war darüber verwundert, da die Familie noch existierte. Die Ehefrau des Toten kam vor der Beerdigung zu mir in die Sakristei. Ich sprach sie darauf an, dass es für sie nach diesen Ereignissen auch sicher nicht leicht sei, nun heute die Beerdigung mitzuerleben - zehn Jahre nach den Ereignissen. Sie sah mich fassungslos an und antwortete: "Bitte, lassen Sie das aus dem Spiel. Ich kann die Geschichte nicht mehr hören!"

Mir wurde klar, dass auch die Beerdigung in der Krankenhausstadt eine Verdrängung war. Aber an diesem schrecklichen Fall musste ich als Anfänger auch gleich noch lernen, wie notwendig manchmal die Verdrängung ist. Was soll ein Mensch tun, der sich nicht wehren kann? Muss er nicht froh sein, dass es Krankenhäuser gibt, in die solche Menschen gebracht werden, die ihre Familie vernichten wollen? Muss diese Tragik wirklich bis zum Ende laufen oder ist es heilsamer sie wenigstens zur Entzerrung zu bringen?

Das bedeutet ja nicht, dass man nicht gleichzeitig versuchen müsste, den Beteiligten zu helfen. Und eben dies bringt mich zum nächsten Schritt, den der Anfänger lernen muss: Menschen, die im Krankenhaus sind, haben oft noch eine ganze Familie, die sich verzweifelt bemüht, die richtigen Schritte zu unternehmen.

Es ist so leicht gesagt: Wenn nur die Familie mitmachen würde, wir kriegten ihn oder sie schon wieder hin! Wer kann denn einen kranken Menschen, der voll Aggressivität steckt, sei es gegen sich oder gegen andere, über Monate und Jahre hinweg zu Hause ertragen? Besonders dann, wenn er sich selbst irgendwie mitverantwortlich fühlt? Als Anfänger muss man lernen, dass manche Familien schon alles unternommen haben, was sie können. Andererseits aber gibt es dann auch solche, die zu Besuch kommen und schon an der Tür des Besucherzimmers zu schimpfen anfangen: „Nun heul' doch nicht rum und reiß' dich zusammen!" "Wenn das jetzt nicht klappt, dann geh' ich gleich wieder!"

Man muss also lernen: die Frage, wie und ob man die Familie einbeziehen soll, ist von sehr ambivalenter, zwiespältiger Prägung. Bei jedem Einzelnen erfordert es eine genaue Abwägung, ob eine zusätzliche Beschäftigung mit der Familie sinnvoll ist oder nicht.

Nach den ersten Schritten kommt meist, das lässt sich bei fast jedem Anfänger verfolgen, der „erste Fall", in den er sich hineinkniet.

Der erste Fall

Es ist nicht schwierig gewesen, Zugang zu allen Stationen und Menschen im Krankenhaus zu bekommen. Ablehnung gab es genau genommen nirgendwo. Zustimmung in offener Form gab es aber auch nicht. Es war am Anfang eine Art Warteposition. Sie bot viele Möglichkeiten, irgendwo einzusteigen oder auch nicht. Ich machte, wie in der Theorie und in Kursen gelernt, fleißig Angebote, ein Gespräch zu führen, sobald jemand irgendetwas in dieser Richtung äußerte. Zuerst schienen mir die Gespräche eigentlich recht langweilig. Die Themen wiederholten sich sehr schnell. Der eine murrte, dass er keinen Ausgang hatte. Der andere erzählte, wie fromm er sei. Die dritte musste überprüfen, ob ich auch glaube, was ich sage: Wie in der Gemeinde! Ich versuchte genau hinzuhören, die Gespräche zu protokollieren. Ich versuchte, nur ja keine Fehler zu, machen und niemand etwas zu sagen, was ihm schaden könnte. Dazu kamen die Warnungen, Gespräche seien unter Umständen sehr schädlich. Und mit den "richtig" Kranken könne man ja auch nicht wirklich reden. Da müssten zuerst die Psychopharmaka das ihre tun. Und danach sei dann die Gelegenheit, mit dem gesunden Anteil zu „arbeiten".

Auf die bedrohlichste Form brachte es einmal ein in Deutschland wohlbekannter Psychiater auf einem Kolloquium. Er warnte eindringlich vor Gesprächen mit depressiven Menschen. Dabei kehrte er den Angriff um, der gegen die Psychopharmaka - Therapie seinerzeit geführt wurde: „Gerade die Seelsorger und

Psychologen behaupten heute immer wieder, Menschen, die in einer Depression verharren und dann Selbstmord begehen, täten dies, weil niemand mit ihnen wirklich gesprochen und sich so wirklich um sie gekümmert habe. Man muss umgekehrt sagen: Vielleicht geschieht mancher Selbstmord gerade deshalb, weil ein Gespräch geführt wurde, das den Depressiven der Aussichtlosigkeit seiner Lage noch bewusster gemacht hat!" Solche Warnungen im Kopf und ein wenig Angst vor unberechenbaren Reaktionen der Gesprächspartner im Gefühl, bot ich also fleißig an, was ich als das Non – Plus - Ultra der Seelsorge kennen gelernt hatte: das Gespräch. Es kam im ersten halben Jahr nie zu einer irgendwie bedrohlichen Situation oder auch zu dem, was wir in der Ausbildungsgruppe immer den 'Heiligen Geist' zu nennen pflegten: zu einer über das normale Maß hinausgehenden Höhe oder Tiefe von Verständnis oder Wirkung. Es ging mir schon bald so wie einem anderen Anfänger. Er hatte nun doch schon drei Gespräche mit einem alten Mann geführt und sich bemüht, sich einzufühlen. Doch niemals zeigte sich eine Wirkung oder ein Gefühl der Erleichterung, wenn der alte Mann von seiner Angst sprach. "Was haben die Gespräche für einen Sinn, wenn sich nichts ändert?" Der alte Mann erzählt heute noch, nach fünf Jahren, von seiner Angst. Und er sitzt auf demselben Stuhl. Die Gegenbewegung, die da helfen kann, führte ein anderer Anfänger mir vor: In einem seiner Gespräche ergab es sich, dass eine Patientin nach kurzer Zeit im Garten herumzulaufen anfing und die Blätter in die Luft wirbelte, die von den Bäumen gefallen waren. Diese Handlung führte er auf sein Gespräch zurück und vor allem darauf, wie er im ersten Moment reagiert hatte. Er hatte ihr soviel "Trost" gegeben, dass sie schon anfing, ganz erleichtert herum zu springen.

So versucht jeder Anfänger, und es geht nicht anders, sich aus dem Alltäglichen das Besondere herauszuholen. Bis dann der erste echte Fall kommt, in dem es wirklich etwas zu tun und zu erreichen gibt. Wie er kommt? Das wird wohl bei jedem verschieden sein. Aber meist, so habe ich das auch von anderen gehört, scheint es Zufall. Ein Mensch, der plötzlich aus der Masse der Alltäglichkeiten auftaucht und sensationelle ganz unverständliche oder nur zu verständliche Geschichten erzählt. Man merkt plötzlich: Jetzt bist du mittendrin in einem Leben.

Warum und wieso, das lässt sich in einer Balintgruppe vielleicht herausbringen oder in einer späteren Analyse des Verlaufs. Doch in diesem Moment gilt nur: Da sitzt oder steht ein Mensch, der dich jetzt fordert, dich mit ihm auseinander zu setzen.

Für mich war der erste Fall zweigeteilt. Es waren ein Mann und eine Frau, die mich besonders forderten. Beide hatten mit eindeutig religiösen Themen zu tun: Schuld und Bekehrung. Beide kamen von sich aus mit einer deutlichen und auf den ersten Blick ganz offenen Darstellung ihrer Situation. Beide zögerten nicht, das Angebot zu Gesprächen anzunehmen. Die äußere Konstellation war also günstig und ungünstig zugleich. Denn bei einer solchen offenen Problemdarstellung liegt die Gefahr besonders nahe, dass diese Offenheit einen Zweck verfolgt. Aber das muss erst einmal erfahren und verstanden sein. Und das eben macht den ersten Fall aus. Im ersten Fall werden auch wichtige Probleme des Seelsorgers bearbeitet: Vor allem der Seelsorger zieht aus dem Kontakt viel Nutzen. Das macht den ersten Fall interessant und brisant. Es ist nämlich gefährlich für beide, wenn der Seelsorger zu viel "action" in seinen ersten Fall steckt.

Der Mann war der schon erwähnte Klaus Grabowski. Er kam von sich aus ungeheuer aufdringlich zu mir. Er schrieb mir Briefe und erdrückte mich mit Berichten über seine Bekehrung. "Da ist falsches Christentum", war meine erste, nicht voll eingestandene Reaktion. Sein Impuls war deutlich: Er wollte etwas „für den Herrn tun" und besonders der Arbeit entfliehen, in dem er so oft wie möglich zum Gespräch kam. Seine Bekehrung war geschehen. Er hielt sie für endgültig; das war nach meiner später aus der Analyse des Falles gewonnenen Meinung auch das eigentliche Problem. Mit der Bekehrung konnte er seine Impulse zur Benutzung anderer Menschen nach seinem Willen unbehindert fortführen, jetzt nur unter dem Deckmantel Jesus.

An ihm habe ich für mich etwas nachvollzogen, was sehr wichtig für mich war: Die immer schon in mir schwelende Auseinandersetzung mit den strengen christlichen Glaubensgemeinschaften, die mich von meiner Kindheit an verfolgt hat und eigentlich schon fast als väterliches Erbe überkommen war. In dem württembergischen Dorf, in den ich aufgewachsen bin, gab es auch eine „Gemeinschaft", ebenso wie in der Kleinstadt, in der ich dann meine Jugendzeit verbrachte. Diese Gemeinschaft stellte stets einen Stachel im Fleisch des Pfarrhauses und des Pfarrers dar. Ihre Mitglieder waren doch immer darauf aus, dem

Pfarrer eine falsche Theologie nachzuweisen - ihre Existenzberechtigung - und der Pfarrer, in diesem Fall mein Vater, war auch daran interessiert, seine Existenz gegen sie zu verteidigen. So bilden die "ganz Frommen", die pietistischen Gemeinschaften, noch heute eine Markierung für mein Glaubensverständnis. In anderen Landeskirchen gab es das so nicht, aber: Sobald ich selbst auf eine Kanzel stieg, hatte ich ‚Beschwerden' wegen irgendwelcher Predigtinhalte am Hals. Und einmal wurde mir sogar von einem Kollegen der Nachbargemeinde ganz ausdrücklich die Kanzel verboten - in meiner Zeit als Vikar.

Also: Was da als "Fall" auftauchte, war ein gewichtiges Stück meiner eigenen problematischen Erfahrungen, die bis in die ersten Anfänge meines Lebens als Pfarrersohn zurückreichten.

Hier hieß es, wollte ich wirklich Seelsorger bleiben, zum ersten Mal, wirklich keinerlei Kompromisse einzugehen. Das war deshalb schwer, weil die Zweifel an meiner eigenen „Rechtgläubigkeit" bei mir selbst tiefer saßen, als ich das vermutet hatte. Oder anders: Ich hatte zwar durchaus das Gefühl, einen verantwortlichen Glauben zu haben, aber er war leicht durch solche klaren und direkten Vorstellungen zu verunsichern, die da sagen: ‚Wer bekehrt ist, der ist in einer anderen Welt'. Ich konnte ja sehen, dass er nicht in einer anderen Welt war. Dennoch trafen mich seine Fragen nach meiner Rechtgläubigkeit. Das war ein Überbleibsel aus meiner Sozialisation, das durch die immer neuen Zweifel an meinem Glauben stetig genährt wurde. So hat ein Kollege in einer entscheidenden Phase mein Christ sein überhaupt bezweifelt, weil ich meine Meinung über ein ritualisiertes Tischgebet und andere Dinge deutlich artikuliert hatte. Das also war mein Anknüpfungspunkt an diesen ersten Fall. Hier wurde mir zum ersten Mal klar: Die Strategie, die gleichen Formeln und Bekenntnisse zu betonen, wahrend die jeweilige Auslegung dieser Bekenntnisse etwas in den Hintergrund tritt, hilft nicht weiter. Hier gilt es entschlossen, was nicht rücksichtslos bedeuten soll, die grundsätzlichen Unterschiede in der Interpretation der Bekenntnisse auszutragen. Alles andere bedeutet Zurückweichen um einer vordergründigen Übereinstimmung und eines stets genährten eigenen Zweifels willen, wo es um nichts anderes geht als die Verhandlung „meines" Glaubens mit dem Glauben des anderen - mit „seinem" Glauben.

Glauben hieß für ihn, dass er nichts mehr zu verantworten hat, denn das tut ja jetzt Jesus. Im Klartext: Alle kriminellen Handlungen, die ihn schließlich in die Psychiatrie geführt haben, sind nun Merkmale des „alten Adam", mit dem er nichts mehr zu tun hat. Glauben hieß für mich: Den alten Adam, der hier und da Dinge zu verantworten hat, die nicht leicht sind, nicht einfach beiseite zu schieben, sondern zu bejahen. Gott hat den Sünder als Sünder gerufen und nicht zum Gerechten gemacht, jedenfalls nicht in dem Sinne, dass er nun exklusiv über allen seinen Sünden thront und über den Mitmenschen gleich mit. Die Konsequenz: Für ihn hieß Leben nach seinem Glauben, die anderen so lange mit heftigen Worten unter Druck setzen, bis sie in irgendeiner Weise dem Drängen nachgeben und er sie zum Herrn führen kann. Für mich hieß Leben nach meinem Glauben: den anderen zunächst zu akzeptieren wie er ist, damit ihm auch die Liebe Gottes ein wenig verständlicher werden möge.

Eben darin lag dann auch das Problem dieses "ersten Falles". Wie sollte ich akzeptieren, was mir so viel Kopfzerbrechen und Mühe in meinem eigenen Leben bereitet hatte? Es gelang mir nicht immer. Ich glaube aber, auch der Versuch, einen Menschen in der Auseinandersetzung mit einer prinzipiellen Richtung, die er vertritt, zu halten oder ihn wieder hineinzuführen, kann Akzeptation genannt werden. Es geschah ja nicht mit dem Ansatz: „Wenn du mir nicht folgst, bist du verloren!", während das sein Ansatz durchaus war.

Dies also war der erste Fall, erster Teil: Für mich die Aufgabe, mich mit einem Menschen auseinanderzusetzen, ohne die vordergründigen gemeinsamen Bekenntnisse zur Flucht zu benutzen und ohne ihn als Menschen abzulehnen, weil er mich derart herausforderte. Für ihn ist bei unserer Auseinandersetzung auch etwas herausgekommen. Er ging von seiner ganz starren Haltung im Laufe der Monate ab und konnte sich ein wenig freier auch den anderen Menschen gegenüber bewegen. Doch dies war - die näheren Umstände konnte ich dann nicht mehr verfolgen - nicht für immer. Er kam dann in eine Situation, in der er sich offensichtlich nicht mehr anders zu helfen wusste, als ein Kind umzubringen, das ihm wahrscheinlich nichts weiter als seine eigene Vergangenheit vor Augen führte.

Der erste Fall, Teil zwei, war eine Frau, die mehrere

Selbstmordversuche hinter sich hatte. Sie war auf das Angebot, das ich in einer Gruppe machte, es könne sich gerne an mich wenden und einen Gesprächstermin vereinbaren, wer das Bedürfnis dazu habe, spontan eingegangen. Im Gespräch legte sie sofort ein Problem vor, das für Seelsorger ein gefundenes Fressen ist:

Sie fühle sich schuldig, weil sie die Ehe gebrochen habe. Sie warte auf ihre Strafe, die der Tod sei. Eine schlüssige Theorie. Ihr Gesprächsteil bestand darin, diese Theorie immer wieder aufzusagen. Diese Patientin war auf einer Station, in der auch die Devise galt, dass Gespräche eigentlich nichts nützen, besonders bei so eindeutigen Fällen von Depression: neun Jahre in Behandlung, spektakuläre Selbstmordversuche.

Die Konstellation war deutlich: Hier galt es, ganzen Einsatz zu zeigen. Es ist ja fast aussichtslos und deshalb so verlockend, in einer solchen Lage etwas zu erreichen. Irgendwie bleibt das immer Untergrund der seelsorgerlichen Arbeit. Wer kommt schon beim Beginn einer Krise auf die Idee, einen Seelsorger zu konsultieren? Da gehen viele andere Wege vor. Viele andere Möglichkeiten werden zuerst durchgearbeitet wie Neurologe, Psychiater ambulant, Psychologe, Eheberatung, Anwalt, Erziehungsberatung, Krankenhaus (Psychiater stationär) - alle ohne sichtbaren Erfolg. Da kann das von den gesellschaftlich - therapeutischen Aktivitäten ausgeschlossene Seelsorgerselbstbewusstsein vielleicht schon einmal einen Schritt aus der Niedergeschlagenheit zu tun versuchen.

Eine Problematik, die haftet, eine sehr aufschlussreiche Problematik. Als dieser Fall mein erster Fall, Teil zwei, wurde, gab es noch keine „hilflosen Helfer" auf dem Büchermarkt. Da wurde das hinter der Helferfassade schreiende hilflose Baby noch nicht überall diskutiert. Dennoch war mir irgendwo dumpf deutlich, dass es sich hier um ein Seelsorgersymptom handeln muss: Der an den therapeutischen Rand gedrängte Seelsorger steht plötzlich mitten im Zentrum - zumindest nach seinem Gefühl: und was sieht er da? Einen ganzen Berg von fehlgeschlagenen therapeutischen Schritten, die sich zum ‚Psychopharmaka-Berg' aufgetürmt haben. Nun ist er derjenige, der wie der Phönix aus der Asche das Mittel weiß, das solchen Bergen gewachsen ist: Verstehen, unendliches Verstehen, wie es in der seelsorgerlichen Literatur ausgebreitet wurde. Dieses Verstehen aber gewinnt seine Fähigkeit, dem Berg des therapeutischen Elends gegenüberzutreten und nicht vor ihm zu weichen, aus der „Annahme", die als das Ereignis der Gottesgeschichte mit den Menschen nun ein ganz großes Gewicht gewinnt. Aus dem therapeutischen Randfigürchen entfaltet sich der, der ganz nach dem Vorbild Gottes nichts weniger als alles annehmen kann. Das ist ein erhebendes Gefühl für die Seele des Seelsorgers. Nach seinem Verständnis gibt es sicherlich viele Therapieformen, aber doch nur eine Annahme. Es gibt viele Therapeuten, aber doch nur einen annehmenden Gott und gleich neben ihm - den Seelsorger.

Seelsorge ist nichts weiter als therapeutischer Größenwahn, den ein gesellschaftlich und oft wohl auch individuell gesehen extrem hilfloser Helfer ausübt. Das wurde mir am ersten Fall, spätestens bei Teil zwei, allmählich deutlich. Besonders geneigt, diesem Größenwahn zu verfallen, ist der Seelsorger, der in seinen ersten Fall hineinstolpert. Wenn er nämlich nicht bei diesem lernt, dass es sich um einen solchen wahnwitzigen Versuch handelt, bekommt er wirklich den Größenwahn und macht gar immer so weiter, als hätte er nun die wahre Therapie gefunden. Wenn man aus diesem Blickwinkel die Bücher über Seelsorge liest, wird es bald deutlich, wie die meisten, auch gut und lange ausgebildeten Seelsorger diesem Wahn verfallen sind.

Sie genügen sich mit der Schilderung einzelner Gespräche, die dann nach allen Regeln der Kunst analysiert werden. Einer Erfolgsstatistik aber hat noch keiner gewagt, wie sie den Therapeuten immerhin abverlangt wird. Auch wenn die Therapeuten bisher eigentlich keinen Erfolg wirklich schlüssig nachweisen konnten, so bleibt das doch der Stachel, der ihnen unangenehm zu schaffen macht. Bei der Frage nach dem Erfolg tritt dann aber der Seelsorger wieder „bescheiden" zurück hinter seinen Herrn, der das Werk, das natürlich ohne des Seelsorgers Hilfe nicht begonnen hätte, eine bloße Möglichkeit geblieben wäre, herrlich hinausführt. Wenn er auch bescheiden ist, verzichtet er doch nicht gerne auf den guten Ruf, der bei solchermaßen bald schon dem Genre „Wunder" zuzurechnenden Aktionen herauskommt. Der Seelsorger – ein verschleierter Wundermann! Aus dem Hinterhaus der Psychotherapie kommt er endlich wieder seinem jahrtausende alten Traum etwas näher. In der Literatur ist dieser Traum beschrieben. Es ist der Priesterarzt, den er nun wieder anfängt, auf die Bühne der allzu technisch orientierten Medizin zu treten.

Wer von diesem Größenwahn nicht im Verlaufe seines ersten Falles allmählich Abstand bekommt, der hat viele Gelegenheiten, sich ihn immer wieder heimlich zu bestätigen. Besonders im Krankenhaus gibt es immer Situationen, in denen der Seelsorger als der große Tröster dasteht, weil er dem Patienten z.B. hilft, die administrativen Maßnahmen, die u.U. getroffen werden müssen, zu verarbeiten. Was liegt da näher, als dass der Patient versucht, den Seelsorger gegen die „bösen" Ärzte, Schwestern und Pfleger, die ihm alles verwehren, aufzubringen. Er selbst kommt ja selten in die Verlegenheit, einen Menschen verantwortlich im Krankenhaus festhalten zu müssen oder ihn auf seine Verantwortung zu entlassen - wobei ihn dann Gerichte und Angehörige überprüfen. Außerdem ist der Seelsorger der einzige, der sich Zeit nimmt, weil er keine Verwaltungsangelegenheiten zu bearbeiten hat. Was liegt da näher, als dass auch der kaum noch einer Äußerung fähige Mensch irgendwann den Größenwahn bestätigt und zu erkennen gibt, wie gut ihm dieser heutige Besuch nun wieder tut. Wichtige Aufgabe ist es also, sich die Situation realistisch klarzulegen. Denn ein Theologe mit seelsorgerlichem Größenwahn - irgendwo doch die Grundgestalt aller Seelsorger - muss im Laufe der Jahre zu der bedeutungslosen Figur verkommen, die wir Seelsorger nun einmal bei realistischer Betrachtung darstellen.

Auf der anderen Seite aber muss der Seelsorger seinen Größenwahn auch behalten. Wer soll sich denn immer wieder mit Menschen beschäftigen, der nicht letztlich der Meinung ist, gerade er könne anderen wirklich helfen. Darin steht der Seelsorger den Therapeuten nur insofern nach, als der Therapeut sich auch noch ‚anmaßt', die Menschen, mit denen er sich beschäftigen möchte, nach seiner Methode auszuwählen und dann auch nach ihr - koste es, was es wolle, - zu arbeiten. Hilft die Methode nicht, kann es eigentlich nur an der falschen Diagnose oder aber am Patienten liegen.

Solchermaßen wird man zurechtgestutzt auf ein realistisches Maß an Größenwahn, das sich etwa so ausdrücken lässt: ‚Jedem Menschen kann vielleicht soweit geholfen worden, dass er seine Lage mehr oder weniger stabil tragen kann und sich mit ihr einzurichten weiß. Endgültige Hilfe aber gibt es nicht bei uns Menschen, sondern nur im Glauben'. Dann kommt es im Laufe der Jahre soweit - ausgelöst durch den ersten Fall, der noch lange nachwirkt -, dass dem Seelsorger aufgeht: Hilfe heißt, sich als Mensch mit einem anderen in wirkliche Auseinandersetzung einlassen bei dem, was ihn und mich betrifft. Die scheinbar zufällig dich herausfordernden Menschen gehören zu den Aufgaben, die du bewältigen oder an denen du versagen kannst, je nachdem, ob du in der Lage bist, wirkliche Annahme zu vermitteln, ohne dass es zur endlosen persönlichen Beziehung kommt.

Denn das ist die andere Gefährdung des Seelsorgers, der nicht auf Methoden trainiert oder doch nicht ausschließlich auf sie gestützt, mit Menschen in Notlagen umgeht, dass er mit sich kokettiert. Dass er unter dem Firmenschild der Annahme zwar doch keinen Größenwahn, aber am Ende schlicht sich selbst verkauft. Das ist in den meisten Fällen ein schlichter Betrug. Denn er ist gar nicht der, der sich da in der Seelsorge, einem ausgegrenzten Raum, darstellt. Sicher ist er auch die Person, die da Seelsorge betreibt. Aber die Art der Annahme, die da praktiziert wird, kann in keinem Fall identisch sein mit dem, was er sonst (noch) ist. Auch das ist eine Therapeutenkrankheit, die die Seelsorger bedroht, sich in Beziehungen, die auf der Not des Ratsuchenden aufgebaut sind, das zu holen, was sonst vielleicht nicht möglich ist. Viele Therapeuten sind ohne ihre Klienten schlicht nichts und viele Pastoren sind ohne ihre Gemeinde, die sie um sich geschart haben, eben auch nichts. Da gibt es viele Fallen: „Sie sind der einzige, der mir in all den vielen Jahren wirklich zugehört hat!" „Wenn Sie das sagen, dann leuchtet mir das sehr ein!" „Dieses Gespräch hat mir nun wirklich gutgetan!" „Sie sind ganz anders als die Pastoren!"

Aber auch hier muss ein wenig bleiben vom Sich-Selbst-Verkaufen. Denn ganz ohne eine besondere Beziehung kommt ein Seelsorgeprozess nicht in Gang.

Der erste Fall: Das Ausloten der Möglichkeiten zwischen Großenwahn und Selbstdarstellung, die Konfrontation mit dem, was schon die ganze berufliche Sozialisation geprägt hat. Der erste Fall ist dann „geglückt", wenn zwischen all dem sich ein gangbarer eigenständiger Weg allmählich herauskristallisiert.

Ich hatte Glück: Mit der erlernten Methode des „Hörens" und „Zusammenfassens und Wiedergebens" konnte ich mir ein Bild von dem machen, was im „ersten Fall, Teil zwei", vor sich ging. Ich probierte es einfach, nach einigen Stunden Zuhören, Stück für Stück meine Interpretation vorzulegen, die Stück für Stück - jeweils in der nächsten Stunde - ein wenig mehr an die „Realität" heranführte. Die Selbstmordversuche erwiesen sich in der Tat als „Strafe", aber letztlich nicht für sich selbst, sondern für den Mann, von dem T. geschieden war. Oder besser ausgedrückt und auch realistischer: Frau T. konnte diese Version der Bestrafung im Laufe der Zeit für sich akzeptieren, obwohl sie vorher immer auf ihrer Schuld bestanden hatte. Sie wollte ihren Mann treffen, wenn sie sich umgebracht hätte. Erst als ihr das ansatzweise zu Bewusstsein gekommen war, konnte sie auch ihre eigenen Wünsche nach „Freiheit" akzeptieren und ihr Maß von „Schuld" auf sich nehmen.

Dadurch wurde die Sache noch klarer. Wenn Frau T. sich selbst umzubringen versuchte, dann wollte sie durch die Bestrafung ihres Mannes den sie betreffenden Anteil der „Schuld" abweisen. „Er hat mich und die Familie zerstört!" Gleichzeitig wollte sie aber den sie selbst betreffenden Anteil an Schuld durch den Tod gesühnt wissen, um - und das entspricht im Ergebnis dem ersten - die Folgen nicht tragen zu müssen, die zerstörte Familie und den Neuanfang, ohne das Alte auslöschen zu können. Der Versuch der Selbsttötung ist also nichts weiter gewesen als eine versuchte völlige Verdrängung von eigenen Handlungen und Verstrickungen und deren Folgen.

Diese Verdrängung aber war äußerst aggressiv, was man beim ersten Fall vielleicht gelesen hat, aber nicht

41

„weiß". Das Zurückholen der aggressiven Komponenten in eine für Frau T. mögliche Realität war eine für beide Teile sehr harte Arbeit.

Für mich war vor allem die Offenheit ein Problem, wo ich doch als Pastor immer dafür sein muss, etwas, was sich bei mir auch sehr ausgeprägt immer wieder einstellt, alles mit der Liebe und Barmherzigkeit Gottes zu übertünchen. Offen wiederzugeben, was ich gehört hatte, war zugleich ein Wagnis, weil es Interaktion bedeutete und nicht Verweilen bei dem, was Frau T. selbst an Einsichten zu diesem Zeitpunkt möglich war. Für einen Therapeuten wäre das sicher eine Art Kunstfehler gewesen, einen depressiven Menschen mit dem zu konfrontieren, was er gerade durch seine Krankheit verdrängt. Doch auch im Nachhinein erscheint es mir als der einzig gangbare Weg. Wenn eine Basis des Vertrauens gelegt ist, muss auch der Seelsorger mit dem, was ihm als die „Wahrheit" des anderen scheint, offen umgehen, sonst werden Beziehungen perpetuiert und kompliziert - die Gefahr der Endlos-Therapie.

In Bruchstücken kam für mich bei diesem Fall noch eine ansatzweise Theorie für eine solche Art von Depressionen zum Vorschein. Warum soll ein Mensch, der Hilfe sucht, weil er die Fäden seiner Aggression gegen sich und andere nicht entwirren kann, in die endlose Suche weiter hineingestoßen werden? Es ist doch gerade seine Krankheit, dass seine „Fäden" sich verwickeln. Wer darauf vertraut, dass sich eine Lösung dafür dann findet, wenn sie ehrlich gesucht wird, wenn vor allem der Seelsorger oder Therapeut seine Macht nicht ausnützt, der muss da, wo er einen

Weg zu finden meint, wenigstens ansatzweise einige Schritte zu gehen versuchen, die der andere mitgehen kann - immer auch mit der Möglichkeit, in die Irre zu gehen, oder den Weg wieder abbrechen zu müssen, weil der zu Betreuende ihn noch nicht mitgehen kann. Dabei darf das Eingreifen des Seelsorgers immer nur schrittweise geschehen und lediglich in Interpretationsvorschlägen, niemals aber in Handlungsanweisungen. Handlungsanweisungen entmündigen den Ratsuchenden und machen seine Verwicklungen größer.

Von Frau T. weiß ich zuverlässig, dass es ihr heute gut geht, nachdem sie bei einem Kollegen die Gespräche fortgesetzt hat, der von ihr nach der Entlassung leichter zu erreichen war. Den Übergang hatten wir vorbereitet.

Dieser erste Fall, Teil zwei, war trotz meines Anfängerseins „mein" Fall, weil er mir zeigte, dass offensichtlich bei manchen Menschen, wenn auch unter schwierigen Bedingungen und hohem Einsatz, Seelsorge hilft. Wäre er schief gegangen, hätte ich wohl alle weiteren Fälle entweder nur zu vorsichtig angegangen, um nur nicht wieder etwas falsch zu machen. Oder ich hätte umso heftiger versucht, bei allen greifbaren weiteren Fällen endlich einen „Erfolg" zu erreichen, der mir beweist, dass es doch nicht so schlecht sein kann, wenn ich auf meine Art Seelsorge betreibe. Ein Glück war es, dass nicht ich allein, sondern noch ein Kollege, dazu ein sehr erfahrener, mit Frau T. gearbeitet hat. So blieb ich bei der Realität, einen Anfang gemacht zu haben, mehr nicht.

Der erste Fall bringt auch deshalb ernste Probleme

mit sich, weil er den Seelsorger ausgiebig beschäftigt. Nicht in der Gesprächszeit. Wer heute eine Ausbildung gemacht hat, weiß, dass lange Gespräche ermüden und kann den Unsinn nicht mehr mitmachen, bei dem Seelsorger sich rühmen, mit einem „armen Kerl" die ganze Nacht gesessen zu haben. Nein sie beschäftigen die Phantasie, den Verstand, kurz, den ganzen Menschen; es geht ja doch immerhin im ersten Fall auch um die seelsorgerliche Existenz dieses einen Seelsorgers überhaupt. Ein ungeheuer hoher Einsatz, der die Aufmerksamkeit von allem anderen zeitweise völlig abzieht, sorgt dafür, dass Familie und andere Bezugspersonen, aber auch die berufliche Umgebung streckenweise, ausgeblendet werden. Die Folgen sind ohne weiteres vorstellbar. Wie diese berufliche Sozialisationsphase durchgestanden wird, hängt davon ab, ob der Seelsorger wieder in die Realität zurückfindet, indem er die Beziehung zu seinem „Fall" einordnen und einschätzen lernt. Davon wieder hangt ab, ob der „Fall" ge- oder misslingt. Und daran wird sich entscheiden, ob der Seelsorger nun ein Mensch wird, der dem Größenwahn durch Methoden wieder aufhelfen will und aus seiner Randexistenz eine Super – Therapeutenexistenz zu machen sucht, oder ob er lernt, sich auf eine realistische Offenheit, die seinem Vermögen angemessen ist, einzupendeln.

Es kommen immer wieder Fälle, an denen korrigiert und gelernt wird, aber vom Einsatz und von der seelsorgerlichen Existenz her ist der erste der wichtigste. Es gibt Anstöße, schmerzhafte Auseinandersetzung mit eigenen Fragestellungen und „Gefühlen" an einem anderen zu erleben. Es sind wahrscheinlich die

Fragestellungen des Seelsorgers, die dazu Anlass geben, diesen zufällig scheinenden Kontakt zu einem so entscheidenden Schritt werden zu lassen. Die Fähigkeit, sich der Auseinandersetzung zu stellen und aus ihr heraus Lösungsvorschläge für den „Klienten" mit zu erarbeiten, kann hier gebildet oder verfehlt werden.

Worüber man als Pastor mehr oder weniger geschickt zu reden gelernt hat (die Annahme des Menschen durch Gott), auch unter den Menschen ansatzweise leben zu können, sich davon helfen lassen zu können bei der Bewältigung eigenen und fremden Lebens - das zu erleben ist der „Erfolg" des ersten Falles. Man kann den ersten Fall nicht machen. Er kommt. Und mit ihm kommt auch die Möglichkeit (in der Theologie sagt man dazu Kairos), die Gelassenheit dessen zu lernen, der nichts machen, aber doch immerhin sich zuwenden kann. Das ist der Pfeiler der Identität des Seelsorgers - einer, wie mir scheint, zerbrechlich - persönlichen und doch zugleich gesellschaftlich und auch politisch bedeutsamen Identität.

Wie es kam, dass ich Anfänger wurde

Mitten in einem Bericht über seine Lage in der Psychiatrie und die Wirkung von Gasen, die in allen Gefängnissen und psychiatrischen Kliniken verwendet würden, fragte mich einmal ein Patient, wie es denn wohl käme, dass ich schon fünf Jahre in der Psychiatrie sei. Seiner Meinung nach konnte das nicht einfach nur so als „Arbeitsplatz" betrachtet werden. Er meinte, wohl ohne es auszudrücken, dass auch bei mir die Gase schon ihre Wirkung getan hatten. Selbstverständlich ist das eine Gestalt psychotischen Denkens, die er da produzierte. Doch die Frage stellt sich trotzdem. Es gibt ganz bestimmte Linien, die auf dieses Ziel hingeführt haben, obwohl die Arbeit am Ende ganz anders aussah, als ich es mir zunächst vorgestellt hatte.

Als Kind erlebte ich in dem schwäbischen Dorf, in dem ich aufgewachsen bin, schon allerhand Dinge, die mit diesem Problemfeld zu tun hatten. Da gab es ja „Verrückte" genug, solche, die so genannt wurden und auch solche, die es wirklich waren. In einem der Häuser saß irgendwo hinter einem Fenster, das im Sommer nur mit einem Fliegengitter verschlossen war, eine Frau, die immer laut sang. Wir Kinder wussten ganz im Geheimen, dass „die verrückt ist". Aber offiziell wurde darüber nicht gesprochen, jedenfalls nicht mit uns. Wenn ich in der Nähe dieses Hauses zu tun hatte, lief mir immer ein kalter Schauer über den Rücken, ganz ähnlich wie in meiner frühesten Kindheit beim Blick auf das Dorfgefängnis. Einmal sah ich auch ihr Gesicht am Fenster. Es erschien mir anders als andere Gesichter: ganz weiß schimmerte es durch das Fliegengitter. Mehr habe ich von ihr nie gesehen.

Heute ist mir natürlich klar, warum ihr Gesicht so weiß war. Sie war ja in ihrem Zimmer eingesperrt und kam nie an Luft oder Sonne. Aber auch von anderen Menschen wusste man: die kommen nach „Schussenried", das für das Dorf zuständige "Irrenhaus". Anders war es mit den alten Menschen. Auch unter ihnen gab es ja immer seltsame Gestalten, die vergesslich waren oder immer nur lachten. Auf den Bauernhöfen hatten sie ihre Bleibe bis zum Tod, auch wenn sie oft mehr schlecht als recht versorgt wurden. Es reichte, wenn sie noch die Hühner füttern oder ab und zu den Schweinestall misten und die „Gasse kehren" konnten, alles Dinge, die mehr oder weniger heute (leider) in den Kliniken nicht mehr die Beschäftigung der Langzeitpatienten darstellen. Diese Menschen erregten meine Neugier. Ich kann aber nicht sagen, dass sie mich besonders angezogen hätten. Mir waren sie eher unheimlich, aber sie gehörten nun einmal dazu.

In meinem achtzehnten Lebensjahr kam ich dann mit einem Vorfeld der Psychiatrie in Berührung. Ich machte ein Praktikum in einem Heim für behinderte Jungen, alte Menschen und psychisch kranke Männer. Diese Arbeit machte mir Freude. Es war die erste praktische Tätigkeit in meinem Leben, die bisweilen zumindest die Verantwortung eines Gruppenleiters erforderte. Ich sah in dem ‚Heimleben' der Jungen, die ich zu betreuen hatte, eigentlich kein Problem. Wer neu kam, wurde eingewöhnt und ansonsten ging alles Tag für Tag seinen mehr oder minder schwierigen Gang. Gedanken an eine Randgruppe kamen mir überhaupt nicht. Ich wollte darüber hinaus ja auch nicht länger als ein halbes Jahr in dem Heim arbeiten, um dann Theologie zu studieren. Eine solche Einrichtung muss mir wohl als eine Art Naturereignis vorgekommen sein.

Zu Beginn meines Vikariats begann eine engere Berührung mit der Psychiatrie. Ich besuchte einen dreimonatigen Kursus der Klinischen Seelsorgeausbildung, der im Psychiatrischen Großkrankenhaus stattfand. Auch da war die Psychiatrie für mich noch eine fremde Welt. Eine Welt wohl voll Leiden, voll unverständlicher Ereignisse und Menschen, eine Welt, die ich wohl Ghetto nennen konnte und nannte. Lebensläufe von Menschen in diesem Krankenhaus machten mir den Eindruck: sieh mal an, was es alles gibt!

Ich konnte mit den Kranken wenig anfangen und habe mich deshalb lieber mit den Bewohnern eines Altenheims, das auch zum „Übungsfeld" gehörte, beschäftigt.

Die Idee, Krankenhauspastor zu werden, kam mir zunächst ebenso unsinnig wie langweilig vor. Als ich mir dann aber nach meiner damals so genannten Hilfspredigerzeit eine neue Gemeinde suchte, trat plötzlich, angeregt durch einen Dezernenten, die Psychiatrieseelsorge in den Bereich des nahe Liegenden. Eigentlich waren es nicht die Kranken, die mich anzogen oder die Einsatzmöglichkeiten für eine Randgruppe der Gesellschaft. Das letzte war nach meinen Vorstellungen in der Gemeinde besonders nötig. Es war vielmehr nach einer Gemeindezeit mit manchen Enttäuschungen und vielen Ernüchterungen, die einem großen emotionalen Einsatz folgten, die folgende Vorstellungen, die mich anzog: Das Arbeitsfeld der Psychiatrie ist für einen Pastor eine Möglichkeit, sich zu konzentrieren, nicht von vielerlei verschiedenen Aktivitäten und Darstellungsversuchen, aber auch Auseinandersetzungen um Friedhofsvorschriften und Gemeindehauseinrichtungen, von unzähligen oft einfach "zu vollziehenden", Amtshandlungen, von bis ans Absurde grenzenden Vorgaben für das Leben und die Kleidung eines Pastors und gar von Gerüchteküchen jeglicher Art an der sinnvollen und stetigen Arbeit gehindert zu werden und gar noch die ganze Familie da mit hineinzuziehen.

Auf diese, eigentlich am Phänomen der Psychiatrie und ihres Umfeldes zunächst ganz uninteressierte Weise, wurde ich Anfänger in der Psychiatrie. Aus diesem Grunde vielleicht ist die Zeit in der Psychiatrie für mich zu einer Zeit intensiven Lernens auch an mir selbst geworden. Ich war zum ersten Mal in meinem Leben kein Pfarrhausbewohner mehr. Ich konnte zum ersten Mal meine eigene Institution aus der Distanz betrachten, ohne unerbittlich und mit Haut und Haaren ihr Funktionär zu sein. Was mir am meisten wehgetan hat, war die Ferne der Kirche von den Menschen, für die sie angeblich da ist: Von den Armen und Schwachen, die ihr nicht einmal Zustimmung, geschweige denn Kirchensteuern einbringen. So war die Zeit in der Psychiatrie für mich auch eine Zeit der Aufarbeitung eines völlig illusionären Verhältnisses zur Kirche einerseits und zur „Wirklichkeit" andererseits.

Was mir aber auch zu schaffen machte, war, die fehlende Möglichkeit der effektiven Selbstdarstellung in der Öffentlichkeit zu verkraften und sie als Illusion zu verstehen. Daraus, dass das aber heute nur noch selten durchbricht, resultiert ein distanziertes Verhältnis zum Öffentlichkeitscharakter der Kirche und ihrer Veranstaltungen. Gleichzeitig fiel mir auf, je mehr ich die Illusion von der kirchlichen Wirkungsmöglichkeit abbaute, wie schwierig eine Einflussnahme eines ganz normalen Bürgers auf die Vorgänge um ihn herum ist. Als Gemeindepastor kann ich nach einer relativ kurzen Ausbildungszeit ungestört von der Kanzel und von anderen Stellen aus meine Meinung verkünden, ohne dass ich sie an der Wirklichkeit messen muss. Was soll dabei anderes herauskommen als eine sich dauernd verstärkende Illusion über meine Möglichkeiten und eine nicht weniger starke Illusionierung meiner Weltsicht. Die Zuwendung der Kirche zu den Armen ist neben der Sammlung von Spenden eine Angelegenheit, die zwar von der Kanzel kommt, aber kaum einem Kirchenvorstand wirklich beizubringen ist, geschweige denn den anderen Menschen, die sich nicht so eng mit der Kirche identifizieren. Das Arbeitsfeld im Krankenhaus entpuppte sich am Ende in seiner objektiven Möglichkeit nicht als Vorposten der Kirche im Einsatz für besonders bedürftige Menschen, sondern als Arbeitsfeld zwischen zwei Institutionen.

Dieses aber war nur der äußere Ablauf. Vom Inhalt her erscheint sich mir im Nachhinein die eigentlich durchgehende Linie zu erschließen. Was mich interessierte, war der Mensch in dieser und jener "Gestalt", der Mensch, dem nach theologischer Lehre die Zuwendung Gottes gilt und der doch auf der Erde dieser Zuwendung oft genug entbehrt.

Gleichzeitig bildete die Beschäftigung mit den 'Grundsätzen' des christlichen Glaubens in mir die Meinung heran, wenn der Mensch nur ehrlich und offen zu leben vermag und sich dazu die entsprechende Mühe gibt, kann er auch leben.

Diese Ansicht stellt sich in der Phase der Einarbeitung in den Beruf, vor allem auch in den Selbsterfahrungsphasen der Ausbildung, als missverständlich und zu unkompliziert heraus. Aber im Grunde ist sie meine treibende Kraft geblieben. Konzentration auf die wirkliche Arbeit jenseits von allen Gremien, institutionalisierten Selbstverständlichkeiten und Verwaltungsmaßnahmen hieß im Grunde dann Beschäftigung mit Menschen, also Seelsorge. Wenn auch bei dieser Beschäftigung immer andere Wünsche mitmischten, vor allem die der ‚Bemächtigung' durch die über alles andere hinausgehende ‚Supertherapeutenexistenz', die gleich nach der heilenden Liebe Gottes kommt und gar deren vollziehender Arm in dieser Welt ist, so ist die Seelsorge in der Psychiatrie dazu angetan, entweder zu misslingen oder die Bemächtigungswünsche, wenn nicht völlig abzulegen, so doch durchschauen zu lernen. So wäre denn die Seelsorge in der Psychiatrie, die auch mir selbst gegenüber wirklich offene und ehrliche Beschäftigung mit Menschen, die für mich das Konzentrat dessen darstellt, was den ‚Beruf' des Pastors ausmacht.

Da stellt sich dann gleich die Frage, wie realistisch es ist, einen solchen beruflichen und persönlichen Ansatz im Feld zwischen zwei Institutionen auszuüben. Die Antwort muss wohl lauten: Es kann realistisch sein, fordert Verzicht auf Darstellungs- und Profilierungswünsche und entlarvt die Betreuungsmentalität und das Schlagwort aus der Theologie: „Für andere da sein!" als Wunsch, dem Elend eines Mitmenschen, dem Elend des Menschen, also auch meinem Elend, erst gar nicht richtig begegnen zu müssen. Dieser Ansatz muss durch die Erfahrung hindurch, wirklich unfähig zur Hilfe vor einem anderen Menschen zu stehen und dennoch nicht die Zuwendung zu Menschen als sinnlos aufzugeben. Ich glaube, hier ist dann der Punkt, an dem aus jemandem, der einmal als Verkündiger ausziehen wollte, die Humanität unter die Menschen zu bringen und sie so mit einem Teil des Reiches Gottes zu beglücken, einer wird, der um jedes Stückchen Glauben, um jedes Stückchen Leben dankbar wird, in einer Art von dem, was einer meiner theologischen Lehrer einmal die „Solidarität der Sünder" genannt hat.

Das muss natürlich nicht bedeuten, dass eine ehrliche Beschäftigung mit Menschen nur unter den schweren Bedingungen der Psychiatrie möglich sei. Jeder geht seinen Weg. Wenn ich darüber nachdenke, warum mein Weg in die Psychiatrieseelsorge geführt hat, dann kommt eben meine Linie, meine Motivation heraus. Mit dem Anfang in der Psychiatrie, mit dem Verarbeiten des "ersten Falles" war nun der Weg frei für vielfältige Erfahrungen in verschiedenen Bereichen dieses Arbeitsfeldes.

Das Milieu der Psychose und die "Reform" der Psychiatrie

Schon häufiger hat mir ein Patient, ich nenne ihn Theodor, erzählt, dass seine Zelle und überhaupt das ganze Haus, in dem er nun fast schon drei Monate sitzt, dass dieses Haus von Nervengift durchströmt werde. Theodor ist ein Mensch, dem man selbst in diesem Zustand noch ansieht und anhört, dass er studiert hat.

Aber wie ist eigentlich sein Zustand? Er sitzt hier, weil er einen ihm nahestehenden Menschen angegriffen hat oder besser gesagt, haben soll. Denn er beteuert hartnäckig, das nicht gewesen zu sein. Er hat ein Leben hinter sich, in dem er auf Leistung verzichtete und schließlich bei der Sozialhilfe unterkam. Theodor hat Vorstellungen, wie er ohne Arbeit leben kann und konnte sie bis vor kurzem auch in die Tat umsetzen. Er konnte sich sein "Gras" leisten und das reichte ihm. Theodor fühlt sich verfolgt vom Verfassungsschutz, der sein Telefon ein Jahr lang abgehört haben soll. In der Woche, bevor es zu dem Ereignis kam, traf Theodor seltsame Menschen, die ohne Reden doch bestimmte Tausch- oder andere Aktionen mit ihm machten. (Man kennt sich offenbar im Milieu, obwohl man sich gar nicht kennt.)

Doch über Theodors Krankheit will ich gar nicht reden. Sie ist vergleichbar mit vielen anderen ähnlichen „Fällen". Was mich im Gespräch immer weiter in Erstaunen versetzte, waren die Bekannten oder Freunde, von denen er erzählte. Sie waren auch mir alle bekannt: Alle waren schon hier gewesen, hatten die

Psychiatrie aus ganz verschiedenen Anlässen kennen gelernt, zwei hatten Selbstmord begangen. Alle hatten wieder mit dritten zu tun, die auch aus diesem Anstaltsmilieu kamen oder damit irgendwann in Berührung gekommen waren. Was Theodor da entblätterte, hörte sich an wie eine Milieuschilderung des "psychiatrischen Raumes".

Dieses Milieu überlappt sich stark mit dem kriminellen Milieu. Beide sind gar nicht klar voneinander zu trennen. Und so ist denn auch der Austausch zwischen den Justizvollzugsanstalten und der Psychiatrie nicht sehr selten.

Es gibt für die Entstehung der Psychose Forschungen auf dem Gebiet der Familienkonstellation, aus der die Krankheiten zu erklären wären. Doch sind diese Untersuchungen (noch) nicht anerkannt oder vielleicht auch nicht umfangreich genug durchgeführt worden. Wichtiger wäre noch die Erforschung des Milieus, in dem sich Menschen bewegen, bevor sie auffällig werden und nachdem sie aus einem psychiatrischen Krankenhaus entlassen werden. Ein auffälliges Merkmal der Entlassenen ist die oft geschilderte Einsamkeit, die in gleichem Maße nicht vor Einlieferung zu bestehen scheint. Da gibt es den Schilderungen derer, die noch nicht sehr lange Patienten der Psychiatrie sind, zufolge meist eine ganze Reihe von problematischen oder unterschwellig sehr aggressiven Kontakten, die dann im Laufe der stationären Behandlung auslaufen oder sich verbrauchen.

Nach der Entlassung bieten Wohngemeinschaften und Übergangsheime selten eine echte Wiedereingliederung, sodass man sich die Bildung eines psychiatrisch-kriminellen Milieus durchaus vorstellen kann. Theodor nannte innerhalb einer Viertelstunde acht Namen, die alle aus diesem Milieu stammten und alle einmal oder mehrmals Psychiatriekontakt über längere Zeit hatten, drei davon in Verbindung mit kriminellen Handlungen.

Alle hatten ihrerseits entweder mit Rauschmitteln von der Art, wie sie im Betäubungsmittelgesetz definiert werden oder mit Alkohol oder beidem sehr viel zu schaffen gehabt. Alle waren andererseits durch dieselben Therapeuten- und Betreuerhände gegangen oder wurden noch betreut.

Man kann das Milieu auch von der anderen Seite her sehen. Wer in den Gefängnissen erkrankt oder psychisch unfähig wird, seine Haft zu ertragen, kommt in die Psychiatrie und kennt immer schon Menschen, die auch hier waren. Es werden auch Beziehungen zwischen Männern und Frauen in der Psychiatrie angebahnt, die manchmal zur Heirat, aber sehr häufig auch zu mehr oder weniger labilen Freundschaften führen, die im Milieu "Verlobung" genannt werden. Es werden also partnerschaftliche Beziehungen innerhalb der Milieugrenzen immer wahrscheinlicher, je länger ein Mensch mit der Psychiatrie Berührung hatte. Viele sind berentet oder leben von der Sozialhilfe. Sie haben wenig und können sich nicht sehr viel mehr leisten als das Dach über dem Kopf. Sie sehen wenige Möglichkeiten, aus dieser Lage wieder herauszukommen. Die Folge muss eine psychische Anfälligkeit oder Labilität sein, wenn man davon ausgeht, dass die Identität und die Gesundheit eines Menschen auch aus dem besteht, was er sich in seinem

Leben erarbeitet hat, oder darin, dass er die Möglichkeit sieht, in bestimmten Grenzen relativ unabhängig zu leben. Dies ist bei den Menschen, die im „psychiatrischen Milieu" leben, selten der Fall. Ihre Identität besteht allein aus der Person, die sie haben oder sind oder mit sich herumschleppen. Beziehungen sind brüchig, Rechte sind nur als Minimum vorhanden, neue Chancen scheinen selten. Ein ideales Milieu für Kleinkriminalität, Unterdrückung, Ausnützung, - daraus resultierend Aggression gegen andere oder das eigene Leben. Die Aggressivität, die bei vielen psychischen Erkrankungen eine große Rolle zu spielen scheint, die aber eigentlich nur durch (spekulative) Interpretation fassbar ist, gewinnt in diesem Milieu Gestalt. Hier lauern Gefahren, die aus dem Leben des psychisch kranken Menschen für ihn selbst entstehen, und auch für die, die er an seiner Lage für verantwortlich hält.

Oft ist das Trauma das Misslingen jeder Beziehung, die andere Menschen wie selbstverständlich haben: Beziehung zu Eltern, zu Gleichaltrigen, zu Berufskollegen, zu Vorgesetzten; zu einer eigenen Familie, zu Kindern: Sie sind selten vorhanden, sind verloren gegangen oder aber durch die Ereignisse vor der Einlieferung in die Psychiatrie so kompliziert, dass sie lediglich durch Aggression und deren Verdrängung bestimmt wird.

Psychische Krankheitsverläufe kann man deshalb auch als das - aus verschiedenen Anlässen entstehende – allmähliche Abrutschen in die gesellschaftliche Randgruppensituation verstehen. Sie unterscheidet sich in ihrer Realität nicht von dem, was in den

Schichtuntersuchungen in den USA von der unteren Unterschicht geschildert wird. Dieses Milieu ist natürlich nicht geeignet, eine "Besserung" eines Menschen herbeizuführen. Daraus ergeben sich Folgerungen:

Die erste: Der Drehtüreffekt kommt nicht durch die medikamentöse Behandlung der psychischen Krankheiten zustande, sondern dadurch, dass es unmöglich ist, im Milieu der Beziehungslosigkeit einerseits und der Aggressivität am Rande der Kriminalität, der menschlichen Ausbeutung von Gefühlen und Beziehungen, der Abhängigkeit und der Abgeschlossenheit, eine in sich ruhende, konfliktverarbeitende Identität zu entwickeln. Auch die zahlreichen Betreuer der Gesundheitsämter und anderer Institutionen, aber auch so genannte Laienhelfer wirken in dieser Hinsicht letzten Endes nur als verlängerter institutioneller Arm, der keine echten Beziehungen ermöglicht. Das psychiatrische Krankenhaus wird zum Asyl, wenn das Zusammenleben im Milieu wieder einmal unerträglich geworden ist. Das muss es von Zeit zu Zeit auch, da im Milieu keine festen, in sich ruhenden Beziehungen gedeihen, die Konflikte ertragen könnten.

Die Wahnvorstellungen sind gar nicht so unrealistisch

Die Wahnvorstellungen vieler Kranker sind also gar nicht so realitätsfern, weil es immer um diese Situation geht: Entweder du bist Jesus, oder du kommst aus diesem Milieu nicht mehr heraus. Wer da leben muss, kann sich berechtigterweise verfolgt fühlen, denn was ist dieses Leben anderes als ein ständiges

Auf - der − Flucht − Sein vor dem Verlust auch noch der letzten Identitätsreste und der Wunsch, diese Bedrohung zu vernichten. Der Drehtüreffekt ist also auch die Folge des Milieus, in das hinein psychische Krankheiten führen und aus dem heraus sie sich fortpflanzen.

Die zweite Folgerung hängt damit zusammen, Die Sozialpsychiatrie geht zwar von einem Krankheitsmilieu aus, das mit gesellschaftlichen Problemen zusammen gesehen wird. Sie zieht daraus aber die Folgerung, das psychiatrische Großkrankenhaus sei in der gesellschaftlichen Ausgliederung der Verursacher des eigentlichen Elends der psychischen Krankheiten. Deshalb sollten damals die Behandlungsstätten dezentralisiert werden, damit erst gar keine Ausgliederung der Kranken erfolgen müsse und damit auch die Wiedereingliederung nicht nötig werde, weil psychisch Kranke am Ort ihres Lebens behandelt werden. Diese Theorie scheint den Gedanken des gesellschaftlichen Milieus nicht ernst genug zu nehmen. Sie sieht ihn nur in der Genese der Krankheit, aber erkennt nicht die gesellschaftliche Milieubildung als bleibendes Problem der Gesellschaft.

Konsequenter war da die Theorie der gesellschaftspolitischen Orientierung, die in Italien die Anstöße zur Psychiatriereform gegeben hat. Im Endeffekt wurde aber auch dort den psychiatrischen Großkliniken das gesellschaftliche Problem angelastet. Die Verelendung ist ein gesellschaftlicher Prozess, in dem die Krankenhäuser allenfalls Agenten sind, keinesfalls jedoch Verursacher. Was soll gewonnen sein, wenn die Patienten eines psychiatrischen Großkrankenhauses einfach entlassen und dem Verelendungsprozess ungehindert ausgesetzt werden? Dass die Familien der Kranken ihnen beim Kampf gegen die Verelendung helfen könnten, erweist sich in den meisten Fällen als Illusion. Die Familien, die das können, haben ihre Kranken erst gar nicht in die Krankenhäuser gebracht. Das psychiatrische Krankenhaus bleibt oft als Zuflucht für Menschen, die durch verschiedene Aspekte ihres Lebens einem Prozess der psychischen Verelendung ausgesetzt sind und im Krankenhaus eine vorübergehende Pause in diesem Vorgang finden, weil dort die Hoffnung der Revidierbarkeit dieses Prozesses das Kernstück der psychiatrischen Intervention ist.

Zur weiteren Entwicklung der Psychiatrie, sind stetige Feld- und Verlaufsstudien über psychischen Krankheiten nötig. Sie kommen immer zu kurz, weil die individual-therapeutischen Kurztherapien die Konfliktsituation der psychischen Erkrankungen unterschätzen und verkennen. Sie verkennen auch die gesellschaftliche Dynamik, die das „psychiatrische Milieu" überhaupt ermöglicht. Diese Dynamik wird in der gesellschaftlichen Reaktion als Aporie deutlich. Das lässt sich gut am Beispiel forensischen Psychiatrie ablesen.

Beispiel forensische Psychiatrie

Im Sommer 1981 wurde bei Hamburg ein Kind umgebracht. Als Täter stellte sich ein „entlaufener" Patient unseres Krankenhauses heraus. So etwas zu hören wirkt wie ein Schock. Es ging bei mir soweit, dass ich meine eigenen Kinder nicht mehr gerne in das Krankenhaus mitnahm und auch viel eher als vorher bereit war, die Beobachtungen, die ich bei anderen Patienten in ihrem Verhalten gegenüber Kindern und Mitmenschen machte, ernst zu nehmen. Die Reaktion der Öffentlichkeit hatte zwar auch etwas von dieser Betroffenheit an sich. Aber sie zeigt vor allem die Aporie der Psychiatrie auf.

Einerseits wird der Psychiatrie vorgeworfen, sie sei verschlossen, sperre ungerechtfertigt und unverantwortlich Menschen ein und mache Leidende dadurch noch kranker. Auf der anderen Seite erhebt sich Volkes Stimme und empört sich, dass man „die Irren" einfach so laufen lässt, dass sie sich an Kindern vergreifen und diese umbringen können.

Die Psychiatrie wird einem Wechselbad an Empfindungen unterworfen, die die Oberfläche eines darunter liegenden Prozesses darstellen. Immer wieder mal werden Menschen, die man als Sexualstraftäter bezeichnet, rückfällig, obwohl sie mit den Mitteln der psychiatrischen Einrichtungen behandelt wurden. Letzten Endes kann man den Prozess, der eine solche Situation schließlich hervorbringt, nachvollziehen, man kann seine Besonderheiten herausstellen und daraus Schlüsse ziehen. Es gibt auch Versuche, die Ergebnisse solcher Verlaufsstudien zusammenzufassen. Was übrig bleibt, ist allenfalls die Erkenntnis, dass Menschen dieser Art von Institution zu Institution weitergereicht werden, bis sie am Ende, wenn andere sie aufgegeben haben von der Psychiatrie wieder zurechtgerückt werden sollen.

Missbrauch

Der Prozess, der hier vor sich geht, macht deutlich, wie stark Psychiatrie und Gesellschaft verwoben sind, wenn man den Abusus der Sexualität mit einer anderen Form von Abusus vergleicht: der Sucht. Da Sucht ein Element ist, das die Gesellschaft mehr kennzeichnet, als dass sie es verbergen könnte, setzt sie auf die Suchtabteilungen die Hoffnung der Therapierbarkeit der Sucht. In Wirklichkeit ist aber die Rückfallquote auch nach langen Therapien von einem halben Jahr höher als 95 Prozent. Die Sexualstraftaten gelten im Gegensatz dazu als nicht therapierbar, obwohl bei einem therapeutischen Einsatz, der dem der Suchttherapien entspräche, sicher keine höhere "Rückfallquote" zu verzeichnen wäre. (Die Rückfallquote ist übrigens gar nicht so extrem, wie es immer angenommen wird.)

Wie ist diese Diskrepanz zu erklären? Alkoholabusus ist ein gesellschaftlich bis zu gewissen Grenzen toleriertes Phänomen. Saufen ist „in". Wer nicht mit säuft, erntet mitleidige Blicke oder wird unter der Rubrik ‚er hat's wohl nötig' abgeheftet. Auch andere Süchte sind, wenn nicht offiziell ausgeübt (was man beim Alkohol durchaus sagen kann), so doch weit verbreitet. Deshalb kann jeder, der mal etwas zuviel genommen hat, mit der Unterstützung der Gesellschaft rechnen, weil sie damit sich selbst bestätigt, dass der Abusus so schlimm nicht ist.

Dass der chronische Abusus, in den letztes Endes fast jeder Abusus einmal hineinführt, wenn er nicht energisch und rechtzeitig gestoppt wird, nicht mehr toleriert werden kann, hängt damit zusammen. Nur mit der Negierung dieser letzten Möglichkeit kann man sich die Illusion des kontrollierten Abusus erhalten.

Ganz anders der Sexualabusus. Er wird von vornherein nicht als im Bereich des Normalen liegend akzeptiert. Man nimmt ihn aber möglichst gar nicht wahr, solange nichts Schreckliches passiert. Dasselbe gilt von vielen anderen kriminellen Abweichungen, die in den Bereich der forensischen Psychiatrie führen. Da meint man, den ganz anderen, den nicht normalen Menschen vor sich zu haben. Er (seltenst ‚sie') soll so lange eingesperrt werden, bis nichts mehr passieren kann.

Wenn man ihn doch vorher wieder zu rehabilitierenden Schritten die Freiheit erblicken lässt, dann geht das voll zu Lasten der Psychiatrie. Erstaunlich bleibt bei dieser Richtung psychischer Krankheit, wie sehr auch hier der Abusus nahe liegt und in Form der Gewalt in der Familie oder der Neigung zur Gewalt gegenüber Frauen, die inzwischen als ubiquitär angesehen wird, und als Sexismus oder Kindesmissbrauch Medien beschäftigt und heftige öffentliche Diskussionen auslöst. Erstaunlich, wie heftig und andauernd er von der Gesellschaft verdrängt wird, es sei denn, man kann damit Geschäfte mache oder große Institutionen vorführen.

Den Unterschied macht aus, dass der eine Abusus scheinbar nur mit einem Stoff geschieht, während der andere ein Abusus des Menschen selbst, mit sich selbst oder mit anderen ist, aber bis zur gewissen Grenze eben auch darin besteht, den anderen zum Stoff oder Objekt zu machen. Ist nicht die „Beseitigung" eines Kindes genau die Konsequenz aus der

Mentalität dessen, der einen anderen Menschen zum Stoff macht? Am Verhältnis zum Stoff wird deutlicher, wie sich das Verhältnis der Gesellschaft zur Psychiatrie sich formt. Solange es sich scheinbar nur um Stoff handelt, lässt sich die Illusion erhalten, der Stoff sei beherrschbar. Wenn also in die Suchtabteilungen viele Mittel gesteckt werden, dann dient das zur Erhaltung der Illusion, wir seien noch Herr über den Stoff. Und diese Illusion ist wahrlich nötig, weil das Gegenteil der Fall ist.

Schreit dagegen Volkes Stimme nach der Internierung der Straftäter, verbannt sie damit etwas aus dem Blickfeld, was ihr einerseits die Illusion raubt, alles therapieren zu können, andererseits ihre eigene Tendenz darstellt, Menschen zum Stoff zu machen. Diese Tendenz ist auch weitaus gefährlicher als die andere. Wer nicht mehr Herr über den Stoff ist, wird schließlich schmerzlos ausgeschieden. Wer aber Menschen zum Stoff macht, rührt an weit reichende Handlungsmöglichkeiten der Politik, der Wirtschaft und anderer gesellschaftlicher Bereiche, ebenso sehr aber an allen Umgang der Menschen miteinander, besonders im Bereich der Sexualität.

Sexualstraftäter

Der Sexualstraftäter wird also von der Gesellschaft einfach verdrängt oder ausgeschieden, weil er in eine allzu gefährliche Nähe mit vielen anderen gesellschaftlichen Tendenzen gerät.

Er wird nicht erst ausgeschieden, wenn er einen Menschen umgebracht hat, sondern schon lange vorher. Selbst unter den Insassen eines Gefängnisses oder einer Anstalt sind Sexualstraftäter Einzelgänger, die weithin gemieden werden. Sie sind sich auch selbst ihrer Tendenzen durchaus bewusst und verwenden viel Mühe darauf, sie zu verdrängen, zu überformen und zu verstecken. Auch sie selbst schließen diese Tendenzen an sich aus.

Wie das vor sich geht, kann man als Seelsorger wohl am ehesten betrachten. Manche Sexualstraftäter haben ein starkes religiöses Bedürfnis. Manche sind bekehrt, andere haben religiöse Erlebnisse gehabt, über die sie viel nachdenken. Dritte wieder verlangen eine Beichte, so oft sie sich „sündig fühlen". Manche spielen aber auch die Rolle des harmlosen, armen Menschen, der nichts braucht als seine Freiheit.

Der Betroffene tut mit sich selbst, was die Gesellschaft mit ihm tut. Er spaltet die gefährlichen Anteile ab; der eine religiös, der andere durch bestimmte Rollen im Umgang mit sich selbst. Eben das aber ist das Problem überhaupt. Wenn die Anteile sich wieder durchsetzen, rufen sie eine heftige Gegenwehr hervor. Was die Fachleute dann einen Triebdurchbruch nennen, ist nichts als das alte Verhalten - beispielsweise der Versuch, Kinder zu verführen.

Was aber dieses Verhalten von Mal zu Mal gefährlicher für die zum bloßen Stoff degradierten Menschen, die zur Befriedigung eigener Wünsche benutzt werden, macht, ist der Versuch, eben diese Wünsche abzuspalten. Wie ein Kind das beseitigt, von dem es weiß, dass es die Liebe der Eltern in Frage stellt, so beseitigt ein Mensch, der durch eine erneute Handlung zu seiner Befriedigung mehr verlieren kann - nämlich die die letzte Hoffnung eines Lebens ohne die abgespaltenen Anteile - einfach den Stoff, mit dem er sich befriedigt hat. Wie der Alkoholiker seine Flaschen im Garten vergrübt, so beseitigt der Pädophile vielleicht auch eines Tages die Objekte seiner "Sucht".

Psychiatrie soll das Problem beseitigen

Was nun die Gesellschaft von der Psychiatrie verlangt, ist die Beseitigung des gesamten bedrohlichen Vorganges aus ihrer Mitte. Dieses Verlangen aber kaschiert sie heute mit dem Ruf nach und der Hoffnung auf Therapie. Der Beseitigungswunsch bleibt derselbe, ob er nun therapeutisch oder verwahrungstechnisch vollzogen wird. Es ist deshalb absurd, den Psychiatern ganz allgemein zuzuschreiben, sie würden ihrerseits gegen jede Vernunft Menschen einsperren und dem krankmachenden Milieu der Großkrankenhäuser aussetzen, ihnen gleichzeitig aber durch Gesetze und Gerichtsentscheidungen mit persönlicher Haftung zu drohen, wenn sie die Tendenz der Krankheit nicht beherrschen können.

Die Ungereimtheit dieser Vorstellung wird an einem anderen psychiatrischen Beispiel klar: Es gibt Suizidenten, die alles daransetzen, aus der Klinik zu entfliehen, in die sie vom Ordnungsamt unter Hinzuziehung eines ärztlichen Gutachters eingewiesen worden sind. Gelingt einem solchen Menschen die Flucht, begeht er tatsächlich Selbstmord, muss das Krankenhaus sich peinlichen Nachforschungen stellen. Wird er aber in einem sich daraus logisch ergebenden Verfahren zunächst einmal richtig eingesperrt, dann spricht die veröffentlichte Meinung nahezu empört von Verwahranstalt.

Man hat einst zur Lösung der Aporie die Auflösung der Großkrankenhäuser gefordert. Der Wunsch, die Probleme auf einen kleineren Raum zu verlagern, bringt aber nicht von selbst die Ausschlusstendenzen der Gesellschaft zum Erliegen und beseitigt auch nicht das psychiatrische Milieu. Deshalb waren die Forderungen, so berechtigt ihr Anliegen sein mochte, in ihrer Form illusionär. Sie stellen sich als andere Art des Verdrängens dar. Sie unterstellen der Psychiatrie und dem sie hervorbringenden Problemfeld eine ganz und gar unpsychologische Ursache.

Wäre nämlich die Ausschließung der psychischen Krankheiten eine rein organisatorische Angelegenheit, könnte man natürlich mit einer Änderung des Organisationsprogramms sämtliche Probleme lösen. Die ganze Problemlage der Psychiatrie und der gesellschaftlichen Aufgabe, die sie ausführt, wäre dann ein reines Strukturproblem. Damit wird die komplizierte psychische Struktur der psychischen Krankheiten und ihres gesellschaftlichen Hintergrundes verkannt. Auch die zwingende psychische Grundlage des Problems der Psychiatrie, die in der Aporie besteht, beseitigen zu wollen, aber diese Tendenz nicht wahrnahmen zu dürfen, um das Gesicht der eingebildeten Humanität nicht vor sich selbst zu verlieren, kommt nicht zum Bewusstsein.

Die Psychiatrie soll unliebsame Tendenzen aus der Gesellschaft beseitigen: Menschen, die sich ,grundlos' umbringen wollen; Menschen, die Dinge tun, die ihnen ,schaden'; Menschen, die andere immer wieder schädigen, ohne daraus einen großen Nutzen für sich selbst zu ziehen; Menschen, die die Kontrolle über bestimmte Suchtmittel verloren haben; Menschen, die angeblich nicht zielgerichtet handeln und denken. Sie soll, das ist die therapeutische Illusion der Gesellschaft, diese Menschen wieder in den Stand setzen, zu leben, als hätten sie solche Tendenzen nie besessen und als gäbe es sie überhaupt nicht. Und das kann sie nicht.

Wenn sie etwas kann, dann kann sie Menschen dazu bringen, ihre Tendenzen zuzulassen und mit ihnen leben zu lernen. Und hier allein liegt der Punkt, an dem der Streit um Methoden und Krankheitsursachen angebracht ist. Das Beseitigen, Verdrängen oder Verleugnen des Problems durch bloßes Ausgrenzen oder bloßes Umorganisieren, oder aber durch Wunderhoffnungen auf die Allmacht der Therapeuten, hilft niemanden. Die Möglichkeiten, die es dann realistischerweise gibt, bestehen einerseits in der Verfeinerung der Beschreibung von Umfeld und Auslösung der psychischen Krankheiten. Andererseits ist eine ‚Realitätstherapie' , zu der auch die Seelsorge beitragen kann, notwendig, in der dem Menschen, der ins „psychiatrische Milieu" zu rutschen droht, sowohl Hilfen zur Erfassung und Formulierung seiner Lage gegeben werden, die u.a. aus der Konfrontation des Betroffenen mit seinen eigenen Tendenzen bestehen, aber auch Hilfen aus dem pädagogischen Bereich und dem Bereich der Gestaltung von Leben und Gemeinschaft. Andererseits ist medikamentöse Therapie ebenso unverzichtbar, (wenn auch als Notlösung, weil sie ja nicht heilt, sondern nur dämpft oder stützt,) wie das Angebot des Krankenhauses als

Stätte der Zuflucht in dem Augenblick, in dem ein Mensch sich und seine Mitmenschen ihm nicht mehr ohne weiteres helfen können. Alle Therapie bleibt Versuch, bleibt Stückwerk, alle Beseitigung aus der Gesellschaft Notlösung. Alle Handlungen in diesem Bereich müssen flankiert werden von der Aufarbeitung der Tendenzen der Gesellschaft zur Bildung eines psychiatrischen Milieus.

Abgestempelt – Sein

Weitere Klärung verschafft ein Blick auf die mögliche Rehabilitierung / Resozialisierung. Je schlechter die wirtschaftliche Lage ausfällt, desto schwieriger ist es natürlich, einen Menschen aus der Psychiatrie wieder zu resozialisieren, das heißt in eine Arbeit zu vermitteln, damit er sich seinen Lebensunterhalt mit seiner Hände oder seines Kopfes Arbeit selbst verdienen kann. Findet er doch Arbeit, dann dort, wo sowieso Unruhe die bezeichnende Lebensform und die Löhne knapp sind. Die meisten aber werden eines Tages mit einem Behindertenausweis versehen, dürfen umsonst Bahn fahren und beziehen Rente oder Sozialhilfe. Das ist zwar nichts Ehrenrühriges, sondern eine Leistung der Gesellschaft. Dennoch empfinden es die meisten als Stigma. Sie kommen, wenn der Ausweis beantragt werden soll, aufgeregt zu irgendjemand, zu dem sie Vertrauen haben, und erzählen, wie schrecklich es ist, nun ganz abgestempelt zu sein.

Andererseits ist das Abgestempelt - Sein für manche auch eine Rolle, die sie mit Bravour wahrnehmen. Einer der eifrigsten Teilnehmer in einer Gesprächsgruppe war Heinrich. Er konnte das alles hervorragend. Bei seiner Einlieferung traf er einen noch jungen Dienst habenden Arzt. Dem sagte er: "Die Stimme kam von links!" Wohl wussten sie beide, Arzt und Patient, dass das eine perfekte Rolle war. Aber was soll die Justiz tun, wenn sie einen Menschen des Einbruchs überführt, nicht zum ersten Mal, der dann solche "Mätzchen" macht?

Heinrich und das Geld

Heinrich ist eigentlich ein ganz netter Mensch. Ein wenig wurstig wirkt er schon. Trotzdem kann seine Gesellschaft von niemandem als unangenehm bezeichnet werden. Nur wenn einmal sein Ärger durchbricht, dann schafft er es auch, drei Pfleger auf einmal zu beschäftigen. Auf seine "Stimme" angesprochen, erklärt er, das sei natürlich eine Albernheit. Er habe es von einem anderen gelernt: „Du musst genau sagen, woher du die Stimme gehört hast, dann kommst du in die Psychiatrie." Selbstverständlich sei er verantwortlich für seine Tat, bei der er einen Kaufmann „erleichterte". Warum denn auch nicht.

Und auch die Erklärung folgt auf dem Fuße. „Für mich reicht die Sozialhilfe nicht aus. Wenn sie mir zweitausend Euro geben, dann komme ich damit aus und gehe nicht einbrechen. Ein Leben mit 700 Euro kann ich mir nicht angewöhnen, Bewährungshelfer hin, Psychiatrie her." Heinrich ist geschieden und hat keine weiteren Freunde als die aus der „Unterwelt", wie er es großspurig nennt, was sich da in einer Kleinstadt abspielt.

Heinrich hat die inoffizielle Erklärung abgegeben, dass der Vollzug der Strafe oder die Einweisung in die Forensik ihn nicht zur Einsicht bringen werden, seine

Einsicht ist eine andere. Nicht einmal durch Arbeit könnte er die von ihm für genug erachteten zweitausend Euro bekommen. Seine Einsicht ist logisch. Nein, er hat auch nichts gegen Leute, die arbeiten. In der Gesprächsgruppe verteidigt er die Menschen, die Tag für Tag ihr Geld verdienen gegen einen anderen Insassen, der sein Recht zu Raubüberfällen aus der Ungerechtigkeit der Welt und aus der Dummheit derer, die arbeiten gehen, ableitet. Einer Konfrontation entzieht sich Heinrich nicht, sicherlich sei seine Haltung blöde, aber es sei eben seine Haltung! Er spricht auch über die Enttäuschung, die Verlassenheit, die über seinem Leben und in ihm drin liegt. Und er sagt: „Wir können da nicht mehr 'raus!" Damit meint er alle anderen gleich mit.

Was ist daran nun krank, mag man sich fragen. So denkt doch fast jeder Mensch in dieser Welt. Der eine kann nicht auf seinen Kirchgang am Sonntag verzichten, der andere braucht seinen Kegelklub oder seinen Fußballverein, jener geht zugrunde, wenn er seine Arbeit durch Alterspension verliert. Menschen kommen aus der Fassung, weil andere etwas anderes denken als sie es gewohnt sind und Heinrich ist eben einer, der nicht auf den "Bruch" verzichten kann, wie andere nicht auf die tägliche Gewohnheit verzichten können. Heinrich ist nicht angepasst, kommt nicht mit dem aus, was er hat und will auch seine Lage nicht ändern. Das letzte verbindet ihn mit vielen anderen Menschen. Nur wenige wollen ihre Lage ändern. Der einzige Unterschied ist, dass sie mehr haben und nicht auf der falschen Seite stehen. Sie schädigen, mit dem, was sie nicht ändern wollen, die anderen nicht in sichtbarer Weise. Ob sie es nicht auf andere Weise tun, sei dahingestellt. Mag Heinrich nun als so genannter Psychopath gelten, er muss eben von der Straße genommen werden, auf der er anderen ihr Eigentum wegnimmt. Sozialtherapeutisch kann er nicht „bearbeitet" werden. Weder Psychologie noch Psychotherapie haben Methoden für solche hartnäckigen Menschen. Also wird er von Mal zu Mal „aus dem Verkehr gezogen" und man weiß nicht einmal, ob er das nicht gar selbst anstrebt.

Ein Brandstifter, der keiner sein mag...

Ein anderer Gruppenteilnehmer schildert seine Situation so, dass eigentlich jeder mitfühlende Mensch erkennen muss: hier sitzt dir einer gegenüber, der vom Schicksal hart getroffen wurde. Auch er sitzt wegen Raub in der Psychiatrie und war mir vor dieser Zeit als Suizidkandidat bekannt. Seine Geschichte ist die einer Art Kohlhaas der unteren Schichten. Er fühlte sich unter Vorspiegelung falscher Tatsachen in die Psychiatrie gebracht, was wahrscheinlich auch den Tatsachen entsprach, die sich beim ersten Aufenthalt zugetragen haben. Dann wurde ihm innerhalb einer psychiatrischen Station eine Brandstiftung zur Last gelegt, von der er nachdrücklich behauptet, sie nicht begangen zu haben. Er fühlt, dass diese Brandstiftung in seinen Papieren ihm schadet. Als er nach sechs Wochen entlassen wird, muss er erst einmal etwas unternehmen, erst einmal in der Welt herumfahren. Er kann bis in den Nahen Osten, musste ins Ausland einmal sogar ins Gefängnis und kam dann mit dem Vorsatz zurück, die Scharte auszuwetzen, die ihm die Psychiatrie zugefügt hat. Er findet eine Freundin, bei deren Eltern er sogar freundliche Aufnahme erhält. Nun hat er endlich Zeit, über seinen Plan nachzudenken. Er möchte den besten Anwalt beauftragen, die Brandstiftung wieder aus den Papieren zu tilgen.

Dazu braucht er Geld. Dieses Geld beschafft er sich durch Überfälle. Dieser Weg war für ihn der einzige, weil keiner ihm eine Arbeit gab, bei der er Geld genug hätte verdienen können. Schließlich bedroht er auch noch einen Menschen mit einer Pistole, aus der sich sogar ein Schuss löst. Das sind gefährliche Handlungen. Aber sind sie verrückt? Sie sind nicht angepasst. Sie sind gewalttätig. Sie sind für andere gefährlich. Sie sind vielleicht einfache eine Umkehrung der Gewalt, die er selbst in seinem Leben gespürt hat, auch wenn diese legal war. Sie sind vielleicht eine Konsequenz aus der Einsicht: Mit normalen Mitteln kommst du aus dieser Lage nie heraus!

Solche Menschen gibt es in der forensischen Psychiatrie. Bizarrere Formen lassen sich schwerer schildern und leichter einordnen. Planmäßiges Verbrechen steht selten auf der Tagesordnung. Getretene treten wieder! Irgendwo Erniedrigte erniedrigen wieder! Wen auch immer. Vorbestrafte Sexualtäter bringen ihre Opfer um, damit sie schweigen. Abhängige sind zu allem bereit, wann auch immer. Die Psychiatrie ist in diesem Feld ein Sammelbecken aller menschlichen Haltungen, die hartnäckig und unausrottbar sind, sich bei allen Menschen finden, aber doch in dieser unangepassten Form für die materielle und auch die physische Existenz anderer Menschen ein direktes Risiko darstellen, soweit sie nicht die eigene Existenz betreffen.

Direkte Kommunikation

Wenn man sich näher mit den betroffenen Menschen beschäftigt, stellt man fest, dass sie kaum zu kommunizieren scheinen. Es ist ihnen zum größten Teil unmöglich, über ein Thema eine Stunde lang miteinander zu sprechen. Sie können auch kaum verstehen, was ein anderer sagt. Wenn sie in der Gruppe nicht gerade "dran" sind, lesen sie, dösen oder tun sonst etwas. Dieses Verhalten ließe sich leicht psychologisch ausdeuten. Ein Psychologe oder Therapeut würde wahrscheinlich ein Kommunikationstraining anzuwenden versuchen, Zuhören planmäßig lernen lassen und er würde vermutlich die 'harten Brocken', die nicht "gruppenfähig" sind, aus diesem Prozess ausschließen. Mir scheint aber, dass es sich zunächst einmal gar nicht um ein Kommunikationsproblem handelt, jedenfalls nicht um eines, das den Kriterien der Kommunikationstheorien zu entnehmen ist. Denn das, was diese Männer da schweigend und abwesend vorführen, ist ihre Art von Kommunikation. Wenn einer zum anderen etwas sagt, was diesen betrifft, beleidigt oder verstört, tritt der sofort aus seinem schläfrigen oder abwesenden Zustand heraus und schreit, droht oder schlägt gar zu. Dieses Verhalten ist Kommunikation.

Es ist die Kommunikation des Milieus, das früher Unterschicht genannt wurde. Sie besteht aus Schimpfen über die Zustände, Verteidigung des Reviers, sobald einer zunahe kommt, Beleidigung der noch Schwächeren, Muskelmessen mit denen, die etwas zu sagen haben, auf dem Bau der Vorarbeiter, im Gefängnis oder der Psychiatrie der Pfleger oder die Schwester.

Sie besteht aus einer plumpen Suche nach Verbünde-ten und - wenn die Situation gefährlich wird - aus einem Beseitigungsversuch der ‚Gefahr', wenn nötig mit roher Gewalt. Dass man gegen ‚die da oben' letzten Endes nichts machen kann, gibt genug Stoff für verbale und bisweilen sogar geplante Gruppenattacken gegen irgendeinen Exponenten von „denen". Im Gangster-Rapp wird diese Art der Kommunikation kultiviert und ebenso im Auftritt so genannter rechter Parteien. Sogar in der Präsidentschaft der USA macht sie sich seit 2017 breit.

Als Pastor steht man, stand ich zunächst machtlos oder völlig ohnmächtig vor diesem Phänomen. Die direkte Kommunikation, die nicht aus Reden über etwas besteht, sondern aus Aktionen und Reaktionen einfachster Art, ist das diametrale Gegenteil zu dem, was ich als Pastor gelernt habe. Ich habe gelernt, dauernd über etwas zu reden, es möglichst so zu formulieren, dass auch ja keiner sich auf den Schlips getreten fühlt - auf kommunikations-deutsch: dass ich mit meiner Art zu kommunizieren nicht Gefühle anderer so verletze, dass sie sich der weiteren Kommunikation verschließen, indem ich meine Gefühle kontrolliere, auf theologisch: dass ich dem anderen nicht durch unbewusste aggressive oder unbewältigte andere Anteile das Gefühl des Angenommenseins unmöglich mache. Und noch etwas anderes. Ich habe gelernt, dass sich ein Pastor aus Gruppenbildungen herauszuhalten hat, seien es nun politische oder gesellschaftliche oder auch nur unwesentliche, damit er volkskirchlich ausgewogen sei.

Wie also umgehen mit der direkten Konfrontation:

„Dass das hier scheiße ist, das siehst du doch auch!"
Sich nicht unterkriegen lassen. Keine Geschenke verteilen! Keine Angst vor direkter Kommunikation haben. „Scheiße" ist nun mal „Scheiße". Fragt sich nur,
wer sie „gebaut" hat! Immer direkt am Ball bleiben,
d.h. nachfragen, seine eigenen Meinungen nicht verbergen, keine kommunikationstheoretischen Versuche starten.

Aber dann, wenn einer wirklich anfängt zu reden,
auch tatsächlich zuhören! Wenn einer in der Gruppe
anfängt, seine Geschichte zu erzählen, dann schläft
keiner mehr vor sich hin. Aber bis es soweit ist, dauert es lange! Und das heißt für den Umgang: keinen
therapeutischen Ehrgeiz haben. Der geht sehr schnell
unter. Partner, wenn auch kritischer und doch zuge-
wandter, werden zu versuchen, ist die einzige Möglichkeit der Kommunikation. Entweder du wirst akzeptiert oder du wirst ausgeschieden: kein Zwischending.

Wie „verrückt" das ist, das zu beurteilen fehlen mir
immer noch die Begriffe. Aber ich frage mich je länger je mehr, wie verrückt es eigentlich ist, wenn er-
wachsene gutverdienende Menschen von Tagung zu
Tagung ziehen, um über etwas zu reden, vielleicht
sogar über sich selbst, sofern sie nicht gerade in einer
Ausbildung stehen, oder ganz bestimmte Probleme
ihrer Praxis bearbeiten wollen. Ich will nicht das eine
für verrückter als das andere halten, das ist die Aus-
sage dieser Gegenüberstellung.

In diesem Feld wird nun Menschlichkeit verhandelt.
Denn diese Menschen sind Menschen und keine un-
verständlichen abartigen Tiere. Wenn man ihren gan-

zen Lebensaufbau wegtherapieren will, muss die Konsequenz die Verwahrung in Sicherheitstrakten sein. Einen Lebensaufbau kann man nämlich nicht wegtherapieren. Notwendig ist eine Auseinandersetzung über diesen Lebensaufbau, die sich nicht scheut, harte Schicksale, krumme Wege dem Menschen, der sie hat ertragen müssen oder gehen wollen, wieder aufzuladen. Er muss sie tragen lernen, sonst ist alles Bemühen nur Herumpfuschen an Symptomen.

Da hat die Seelsorge dann ihren Platz. Der Mensch kann alles tragen, braucht nichts zu vertuschen. Wenn er vertuschen will, führt das weiter ins Problem hinein, hier wie anderswo. Umkehren zur Offenheit, das ist hier wichtig und Offenheit bedeutet hier auch: Seine Verantwortung tragen zu lernen, theologisch: Schuld zu bekennen. Darüber hinaus, genau wie in der Geschichte Jesu mit den Menschen: Schuld bekennen allein führt nicht weiter; Gnade annehmen lernen ist erst der Schritt ins neue Leben. Doch wer könnte sagen, dass er das in die Praxis umzusetzen vermag. Es bleibt ein Ziel.

Die Arbeit der Psychiatrie verschärft den Blick für die Fragen der Gesellschaft und der Kirche vor allem unter dem Gesichtspunkt der Menschlichkeit, die hier in so grober Form und da aber in sehr viel feinerer Art verletzt wird.

Schwierigkeiten mit der Sucht

In der Psychiatrie gibt es auch ein Feld, das mir durchgängig schwerfiel. Das waren die Suchtstationen. Was mir dort schwer fiel, war von Anfang an die Abgeschlossenheit und auch die geballte therapeutische Ladung, die da verausgabt und vereinnahmt wurde. Während auf jeder anderen psychiatrischen Station zu allen Ebenen und Personen der Zugang leicht war und sogar begrüßt wurde, kam ich mir auf den Suchtstationen stets als eine Art ungebetener Gast oder Eindringling vor. Dort war immer klar: Wer hier arbeiten will, der muss schon allerhand eingeben und sehr viel Zeit haben. Gruppen wurden stets wie Geheimsitzungen gehandelt, Gruppenprozesse werden durch Fremde immer gestört. Was ein Pastor dort machen kann, ist sowieso nicht so klar.

Der Grund für mein Gefühl, ein Störenfried zu sein, wurde auf einer Frauenstation gelegt. Dort herrschte eine Stationsschwester nach alter Manier. Als ich eine Gruppe begann, kam natürlich zunächst nur eine Schimpfkanonade auf die Stationsschwester zum Vorschein. Für eine gerade beginnende Gruppe war das ein notwendiger Schritt, eine erste Ventilfunktion, um überhaupt in ein Gruppengespräch eintreten zu können. Denn die Stationsstruktur war ein Problem und das Gespräch darüber brachte die Teilnehmerinnen schneller zu sich selbst, als ihnen lieb war. Doch von der Station wurde das als „Einmischung" oder gar Parteinahme angesehen. Als ich dann einmal noch einen Fehler machte, indem ich ein Telefongespräch mit einem Angehörigen führte, das der Arzt aus therapeutischen Gründen (später stellte sich heraus, dass sie weniger therapeutisch als vielmehr kontrollorientiert waren) „verboten" hatte, war für mich die Sache gefühlsmäßig für lange Zeit gelaufen.

Oft waren die Suchtkranken auch die, die auf die anderen herabschauten; „Wir sind doch keine Irren!" Auch die Abteilung machte diesen Höhenflug mit und hatte oft mit den normalen psychiatrischen Verhältnissen nichts zu tun. Im Laufe der Jahre habe ich das begreifen gelernt. Vielleicht müssen sich die Suchtabteilungen ein besonders hartes Gerüst zulegen, weil sie kaum je Erfolge haben, trotz eines hohen therapeutischen Einsatzes und trotz der Meinung, man habe es hier mit weniger schweren Störungen zu tun als beispielsweise bei Psychosen oder bei nicht reaktiv zu verstehenden Depressionen.

Das ist für den Bereich einer Klinik auch deshalb besonders ärgerlich, weil sich so offensichtliche Prozesse vollziehen, die nicht bemerkt werden oder nur sehr schwer veränderbar sind. Die Suchtkranken kommen meist im jungen Erwachsenenalter, sind Menschen, die „normal" aussehen, „normal" reden und auf therapeutische Zugriffe zunächst ansprechen. Alte Menschen dagegen, die in die Klinik kommen und nicht weniger in Not sind, werden von aller therapeutischen Zuwendung durch Gespräche o.ä. zunächst einfach ausgeschlossen. Sie sind "nicht mehr" therapiefähig und springen auf nichts so leicht an, erzählen wirre Geschichten oder honorieren den Kontakt nicht durch oberflächliche Mitarbeit. Bisweilen hat mich dieser Unterschied in der Zuwendung in ein und derselben Klinik richtig wütend gemacht.

Aber auch diese Wut war ambivalent. Gar zu gern hätte ich manchmal mich auch mit Menschen beschäftigt, die wenigstens vordergründig „anspringen" und gleichzeitig ein prestigeträchtiges therapeutisches Feld bieten, auf das alle, die von sich halten, hinstreben.

Auf der anderen Seite gab es auch auf den Suchtstationen eine Menge Einsicht in die Notwendigkeit, therapeutische Misserfolge hinzunehmen. Wenn aber der Patient trotz vielfacher Versuche, ihn zu therapieren, ihn an Abstinenzlergruppen weiterzugeben, immer wieder rückfällig wird, bleibt doch die Tendenz, ihn zumindest mit dem aggressiven Etikett "nicht therapiefähig" zu versehen. Da gibt es dann Patienten, die die ganze Palette an gruppentherapeutischen Prozessen und Formulierungen rückwärts und vorwärts beherrschen, aber ihr Problem, wie man mit dem Alleinsein umgeht, nicht in den Griff bekommen. Sie haben wohl gelernt, es zu formulieren, aber nicht, es, wenn nötig, zu ertragen. Oder sie haben begriffen, dass alles, was an Gründen für das Trinken angeführt wird, keine Entschuldigung ist. Was sie nicht begriffen haben: Dass es trotz alledem Schritte gibt, auf denen sie ganz persönlich in das Problem hineingeraten oder hinein gegangen sind, dass sie ganz bestimmte Absichten mit dem Trinken verfolgen und sei es nur, sich langsam aber sicher aus dieser Welt hinaus zu trinken. Oder sie haben gelernt, "endlich einmal ihre Meinung zu sagen", d.h. vor allem Wut oder Ärger über andere auch wirklich herauszulassen. Meist haben sie aber nicht gelernt, Konflikte wirklich auf sich zu nehmen, bestimmte Dinge auf ihr eigenes

Risiko zu betreiben und die Folgen ihrer Handlungen dann wirklich zu tragen.

Im Gegensatz dazu erscheint die Aktivität der Anonymen Alkoholiker, wenn sie dem Sinn der Zwölf Schritte nach durchgeführt wird, als die reinste Realitätstherapie. Doch auch da droht die Gefahr, sich zur autonomen Gruppe zu entwickeln, die nun „Flasche" durch „Gruppe" ersetzt. Manche Gruppen ergehen sich darin, ihren Kampf mit dem Alkohol Abend für Abend immer wieder genüsslich zu schildern, sodass die anderen Schritte zur Realität hin unterblieben.

Frau X.

Besonders eindrücklich ist mir ein Mensch in Erinnerung, der mit Alkohol zu tun hatte: Frau X. war eine der wenigen Patientinnen der Suchtabteilung, die von sich aus das Gespräch mit mir als Seelsorger suchte. Der Grund war trotz oberflächlicher Logik einer kirchlichen "Anbindung" durch den Beruf des Mannes gar nicht darin zu suchen, sondern in einem massiven Gefühl der Schuld. Die Gespräche mit Frau X. haben mir die Suchtproblematik sehr viel nähergebracht, als dies vorher der Fall war. Frau X. war Mutter von zwei Kindern und verheiratet. Durch eine Zwangseinweisung kam sie in stationäre Behandlung. Sie hatte mehrmals Embolien erlebt, auch während ihres aktuellen Aufenthalts.

Frau X. sagte als Einstieg ins Gespräch, sie sei noch nicht so weit, sie könne noch nicht reden. Sie wurde dann verlegt (in ein anderes Krankenhaus) und bat nach ihrer Rückkehr wieder um ein Gespräch. Sie schilderte als Problem, sie können nicht mehr beten und habe deshalb Sorgen. Ich reagierte, Beten habe mit Vertrauen zu tun: das aber habe sie jetzt vielleicht nicht und deshalb sei es mir verständlich, dass sie nicht mehr beten könne. Ich würde das als "normal" ansehen. Darauf Frau X.: Sie habe früher soviel Trost aus dem Gebet bezogen, so sei es sie besonders schwer angekommen, nicht mehr beten zu können.

Danach ging X. zu dem Thema Familie über. Sie werde von ihrer Familie nicht besucht. Es würde keiner kommen und es falle ihr sehr schwer, zu schreiben. Sie sei doch krank.

Sie sei ja überhaupt seit Jahren soviel krank gewesen, immerzu Operationen... Sie selbst sei Krankenschwester. Was denn aus der Familie noch werden solle....

Danach kam eine neue Problembeschreibung:

Vor allem aber habe sie Angst. Sie wisse nicht genau, wovor, vielleicht sei es die Therapie, vor der sie Angst habe. Ein halbes Jahr von zu Hause weg zu sein, sei doch nicht so einfach. Was mit der Tochter passieren solle. Sie sei so unruhig, sie könnte immerzu auf- und abgehen, wenn sie das könnte. (X. musste zu diesem Zeitpunkt noch liegen.)

Ich schlug X. vor, doch das Gespräch an einem anderen Tag weiterzuführen. Darauf sagte sie, alles liege vor ihr, wie ein Berg. Sie könne auch schwer Schwellen überwinden, die sie zu den eigentlichen Themen bringen würden. Ich erwiderte, Schwellen hätten ihren guten Sinn und niemand könnte sich zwingen, sie zu überwinden, das käme, wenn, dann von selbst. Wir vereinbarten ein zweites Gespräch.

Die Andeutung von Schwellen, Bergen, Angst, das war sehr unkonkret und deutete auf großen Druck hin. Die Angst nur durch die bevorstehende Therapie erklären zu wollen, das wäre sicherlich ein wenig vorschnell gewesen. Aber ich kann mir vorstellen, dass ein Mensch vor einer Therapie Angst hat, wenn doch alles darauf wartet, dass dadurch endlich ein entscheidender Schritt in die Richtung der Überwindung aufgehäufter Schwierigkeiten gemacht wird.

Mit der „Wortlosigkeit der Familie" kann ich noch nichts anfangen. X. wirkt auf mich eigentlich recht „normal". Sie kann ihre Gedanken formulieren, hat die Möglichkeit, auf Menschen zuzugehen. Sie besitzt in den wenigen Wochen ihrer Anwesenheit auf der Station eine sehr gute Position: Jeder spricht von ihr mit Achtung, auch das Personal macht keinerlei abfällige Bemerkungen, auch nicht dort, wo P. „informell" angesprochen wird.

Für mich selber bleibt also vor allem die Frage: Was ist das für eine Angst. Ich spüre auch Angst – genau genommen so etwas wie Todesangst. Ich kann nicht mehr beten - ich kann nicht mehr leben? Doch so ganz klar sind mir diese Gefühle nicht.

Das zweite Gespräch beginnt X. wieder damit, dass sie sagt, es sei eine große Schwelle zu überspringen, sie habe Angst vor allem, was kommt. Doch dann spricht sie über ihre Familie.

Sie wisse nicht so recht, wie das weitergehen solle, wie ihr Mann reagieren werde. Ihre Eltern würden ihr Vorwürfe machen, sie mache die Familie kaputt, Ihre Tochter sei auch so schmal und dünn und müsse vielleicht zur Kur. Besuch würde sie immer noch nicht bekommen. Sie habe sich aber aufgerafft zu schreiben. Die Tochter habe wieder geschrieben, sie solle doch - auch wenn es schwer sei - das halbe Jahr zur Behandlung gehen, „Hauptsache, du wirst wieder gesund". Dann erzählt J. von ihrer älteren Tochter. Diese sei „schon" von zu Hause weggegangen. Einmal im Alter von 14 hätten sie sie von der Polizei wiederbekommen. Danach habe sie viele Kontakte mit Menschen gehabt, von denen man wisse, dass sie in der Rauschgiftszene leben. Jetzt sei sie von zu Hause ausgezogen und lebe mit einer lesbischen jungen Frau zusammen. Sie sei 17 und habe keine Lehre oder andere Ausbildung hinter sich gebracht. Sie selbst habe eigentlich im Zusammenhang damit immer viel getrunken. Ihr Mann habe sie mit allem alleingelassen. Diese Tochter sei es auch gewesen, die den Arzt gerufen hat, der dann die Zwangseinweisung ins Krankenhaus vornahm.

Diese Geschichte stand im Mittelpunkt der Stunde. X. sagte, das Sprechen erleichtere sich nicht, sie fühle viel Angst und es sehe alles immer noch aus wie ein Berg. Sie könne nicht alle Schwellen überwinden. Aber sie wollte gerne ein weiteres Gespräch führen. Ich bin mir nicht ganz sicher, wo das Gespräch hinführen wird, doch ich versuche wieder, zum Ausdruck zu bringen, dass ich das Gespräch für wichtig halte. Ich könnte ihr nicht versprechen, dass sie ganz schnell keine Angst mehr hat, aber ich wisse, dass Gespräche oft Erleichterung bringen. Ich sei auch ganz sicher, dass in der Zeit zwischen den Gesprächen alles sehr „wühlen" werde. Aber das „Wühlen" sei Arbeit, die nötig sei, um das, was sich angehäuft hat, wieder in Ordnung zu bringen.

Das dritte Gespräch beginnt mit Belanglosigkeit. X. erzählt allerhand nebensächliche Dinge. Dann beginnt sie zu schweigen.

Sie gibt sich einen Ruck und sagt: „Es sind doch noch viele Schwellen, aber ich erzähl es jetzt einmal." Sie beginnt dann, in einer ganz unerhört aktuellen Weise davon zu erzählen, dass sie vor vielen Jahren einmal eine Abtreibung gemacht habe bzw. ihre Zustimmung dazu gegeben habe. Sie sollte eigentlich aus gesundheitlichen Gründen keine Kinder mehr bekommen. Eine Sterilisation aber habe nicht gleich gemacht werden können und sie habe sich auch nicht richtig entschieden. Als sie dann doch wieder schwanger war, litt sie an einer Krankheit, die mit „starken Medikamenten" bekämpft werden musste. Die Ärzte sagten ihr, dass diese Medikamente dem Kind schaden könnten. Es sei ihr dann vorgeschlagen worden, eine Unterbrechung zu machen, die Ärztekammer habe auch sofort zugestimmt. Sie selbst jedoch habe große Schwierigkeiten mit der Zustimmung gehabt. Sie habe das alles immer vor sich hergeschoben, ihr Mann habe sie damit alleingelassen. Schließlich aber habe sie dem Drängen der Ärzte nach- und ihre Zustimmung gegeben. Das habe sie getan, als die Ärzte ihr sagten, dass sie auch sterben könnte, wenn die Unterbrechung, nicht gemacht würde.

Nach der Unterbrechung habe sie dann eine Lungenembolie bekommen, in der sie vier Wochen bewusstlos war.

Nach dieser Schilderung schaut X. mich an und erwartet sichtlich eine Reaktion. Ich sage mein Gefühl: „Sie haben sich heute noch nicht entschieden, ob sie abtreiben sollen oder nicht. Der Konflikt ist immer noch lebendig."

X: „Ja, es ist doch auch Mord!"

M: „Sie haben ihrem Gefühl nach durch die Zustimmung einen Mord begangen!"

X: „Am liebsten wäre ich gleich durch die Embolie gestorben!"

M: „Mord wird durch den Todeswunsch gegen sich selbst gesühnt?"

X: „Mein Mann hat mich ja auch immer alleine gelassen. Und heute noch höre ich manchmal den Vorwurf: Wenn du das nicht hättest machen lassen, hätten wir jetzt noch einen Sohn!"

M: „Sie bekommen immer noch kein Verständnis!"

X: „Als das mit meiner großen Tochter passierte, dachte ich so oft an die Abtreibung! Das ist jetzt die Strafe! Und da habe ich auch immer sehr viel getrunken."

M: „Sie fühlen sich auch heute noch bestraft für das, was sie damals haben machen lassen. Und sie bestrafen sich auch selbst, ist mein Gefühl!"

X: „Auch bei der Embolie, die ich hier bekommen habe wäre ich lieber nicht mehr aufgewacht."

Wir unterhalten uns noch weiter über die Abtreibung, die ja bei einer Abwägung der „Güter" durchaus berechtigt war. Mutter von zwei kleinen Kindern gegen das Leben eines behinderten Kindes. Doch dieser

Konflikt ist nur für den Verstand so einfach zu lösen. Bei X. hat er Selbstbestrafungstendenzen mobilisiert.

Meinem Gefühl nach liegt hier ein Zentralpunkt in der Problematik von Frau X. Das Trinken als Selbstvernichtung und ebenso als stete Verhinderung der Bewusstwerdung des noch nicht ausgetragenen Konfliktes?

X. sagt, es sei für sie noch nicht leichter, sie müsse immer noch sehr mit Angst umgehen. Aber sie freue sich auf das nächste Gespräch.

X. Hat dieses Mal nicht von der Angst vor der Therapie gesprochen.

Beim vierten Gespräch, das ich mit der Frage nach der Angst eröffne, beginnt X. über ihre Familie zu sprechen. Doch nach einiger Zeit macht sie wieder eine Pause. Dann scheint sie wieder eine ‚Schwelle' überwunden zu haben und beginnt ein Erlebnis zu erzählen, das mit ihrem Beruf zu tun hat. Sie hatte als junge Krankenschwester Nachtwache auf verschiedenen Stationen zu gleicher Zeit. In dieser Nachtwache ist ein Patient gestorben, nachdem sie ihm eine Spritze gegeben hatte. Einmal war die Frage, ob eine Schülerin das darf und zum anderen die, ob es die falsche Spritze war. Trotz interner Aufregung wurde der „Fall" nach außen abgeklärt behandelt.

Sie jedoch fühlt sich schuldig, den Tod eines Menschen herbeigeführt zu haben.

Es sind also offenbar unbewältigte Konflikte, die Frau X. in einen Zustand geführt haben, bei dem die dauernde alkoholische Betäubung der einzige Weg ist, sich einerseits am Leben zu halten, d.h. nicht von den ungelösten Problemen zermürbt zu werden, sich aber andererseits aus dem Leben zu entfernen, um die Probleme nicht lösen zu müssen.

Frau X. wurde nach dem vierten Gespräch verlegt, so dass ihre Therapie von mir nicht mehr verfolgt werden konnte. Mir aber hat sie geholfen, das Problemfeld Sucht in anderem Licht und in anderen Konturen sehen zu können. Das geschah deshalb, weil bei Frau P. die Sucht das eigentliche Problem zu sein schien, sich aber am Ende als Mittel entpuppte, um das eigentliche Problem zu verdecken. In den vielen anderen Fällen ist der Grund nicht mehr erkennbar, der zu dem Zustand des Alkoholikers geführt hat.

Aus diesem Gespräch wird ersichtlich, dass sich die Lage am Beginn der Abhängigkeitskarriere ganz anders darstellt als an ihrem Ende. Frau X. ist kein Mensch für eine Betreuung im Heim oder auf der Langzeitstation. Hier ist vielmehr eine echte und offene Begleitung angebracht, die sich nicht am alkoholischen Vorder-, sondern am Problemhintergrund orientiert. Da gibt es verschiedene Möglichkeiten. Für Seelsorger liegt die Gefahr nahe, den Schuldaspekt im Vordergrund zu sehen, während in Wirklichkeit der Konfliktaspekt den Zugang anbietet.

Lernen von den "Programmen" anderer

Nichts als Lernen war für mich die Begegnung und der Kontakt mit den Gruppen der AA. Wenn auch die Durchführung und der Verlauf einzelner Gruppen sehr verschieden sind, so kann doch das Programm wirklich Erhellendes vermitteln.

Dis Schritte der Anonymen Alkoholiker, in denen sie ihre Abhängigkeit erkennen und tragen lernen haben nicht mit der professionellen Methodik des Überstülpens irgendwelcher Erkenntnisse zu tun, die der eine aufgrund irgendeiner Diagnose für den anderen bereithält. Vielmehr gibt es den einen Weg, den jeder selbst gehen kann: Ich bin Alkoholiker.

Der erste Schritt zeigt bereits einen für uns heute fast unsagbaren Satz: Wir gaben zu, dass wir unser Leben nicht mehr meistern konnten. Ich kann mein Leben nicht mehr allein meistern! Das widerspricht der Idee, dass wir Menschen mit der entsprechenden Voraussetzung und vor allem mit Hilfe der Medizin und anderer Therapie das Leben sehr wohl meistern können. Wer es nicht kann, wird als moralisch schwach, als willenlos oder abnorm hingestellt. Was ich wirklich will, das kann ich auch, heißt dann die Devise. Doch wer kann denn sein Leben wirklich meistern? Der Alkohol ist nur eines der Mittel, die helfen, sich das Vorzuspiegeln. Es gibt Mengen von diesen Mitteln, die dazu dienen, die Vorstellung, ich könne mein Leben meistern, wir könnten unser Leben meistern, aufrechtzuerhalten. Dazu gehören die Drogen wie auch die Statussymbole, das, was ich mir leisten kann, vielleicht auch ein Teil der Rüstung. Dazu gehören auch die vielen Vorkehrungen und die übertriebene Vorsorge gegen Unglück und Veränderung. Dazu gehört auch die Vorstellung, dass ich durch Macht meine Mitmenschen meistern kann.

Wohl verstanden: nicht der Gebrauch der Lebensmittel, Statussymbole, Drogen oder Rüstung ganz allgemein ist einfach abzulehnen, sondern die Idee, ich könne dadurch mein Leben meistern. Ich sei dadurch unabhängig und autonom. Das verwandelt die Mittel und Möglichkeiten in Krücken, durch die ich mich stützen muss statt mich unabhängig zu machen.

Der Umgang mit der Droge durch die AA ist desillusionierend. Ich bin Alkoholiker, nicht ich war... die Bedrohung bleibt bewusst und wird bewusst gemacht. Das Bewusstmachen befreit auch aus der Haltung: ich muss mich stark erweisen und darf nicht zeigen, was ich wirklich bin. Wohin ich schaue, das Bewusstmachen von Schwäche passiert als Entlarvung: Wer sich eine Schwäche leistet, wird abgelöst von anderen, die die Illusion der Stärke behalten helfen. Wer Schwäche empfindet, sucht sie zu verdrängen.

Dabei gehört das Annehmen der Schwäche und Abhängigkeit auch im Christentum, das unseren Lebensstil entscheidend mitgeprägt hat, schon immer zu Grundlage des Glaubens. „Ich bin Sünder". Ich kann nicht Heiliger werden in diesem Leben.

Das meint nur der Selbstgerechte. „Ich bin Sünder", die Bedrohung bleibt Tag für Tag bestehen. So hat es Martin Luther gemeint, das Leben des Christen sei eine „tägliche Buße". Ich bin Sünder, heißt ganz ähnlich wie bei den AA: ich mache mir bewusst, wie ich lebe: ich versuche, meinen Vorteil zu suchen, ich versuche, Schwache auszunutzen, ich versuche, den, dem ich helfen kann oder soll, in Abhängigkeit zu halten. Ich versuche, meine Macht weiter auszudehnen; ich versuche, mich des anderen Menschen zu bemächtigen, statt ihn zum Partner zu haben. „Ich bin Sünder". Ich vertraue nicht auf Gottes Liebe oder

89

darauf, dass wir alle leben können, sondern versuche mich zu sichern - gegen die anderen. „Ich bin Sünder." Wenn ich mir das bewusst mache, kann ich mit dieser Bedrohung leben und muss sie nicht verstecken. Denn als Sünder liebt mich Gott, nicht als Gerechten und schon gar nicht als Selbstgerechten.

Desillusionierend ist auch, wie die Abhängigkeit nicht auf die anderen geschoben wird. Wenn die anderen sich ändern, wenn mein Arbeitgeber mich nicht mehr schikaniert, wenn meine Eltern mich nicht mehr unter Druck setzen, wenn meine Ehe wieder stimmt, wenn meine Nachbarn nicht mehr auf mich zeigen, wenn..., dann ändere ich mich auch. Die anderen bestimmen mein Verhalten. Wenn ich aber merke: Ich bin Alkoholiker, ich bin Sünder, sehe ich mich in einer Lage, die mich schwer kränkt, die ich nicht aushalten will. Warum soll ich gerade das sein, was ich verabscheue? Bis ich dann merke: ich bin es.

Was zuerst wie eine Kapitulation aussieht, erweist sich als Kraftquelle: ich bin Sünder, aber ich lebe. Ich bin Sünder, ich bin Alkoholiker, aber es gibt andere, die mir dasselbe bekennen. Im Bewusstsein der Bedrohung muss ich keine heroische Tat vollbringen, die das Übel ein für allemal ausmerzen: ich schwöre nicht für immer der Sünde oder dem Alkohol ab. Ich lebe mit der Bedrohung in dieser Stunde. Ich lasse das erste Glas stehen. Ich verzichte jetzt darauf, mich gegen den anderen durchzusetzen.

Nun kommt es nicht mehr darauf an, nach dem starken Mann zu rufen, der Alkohol oder Sünden verbietet und die Bedrohung für mich beseitigt. Ich spüre, wie ich leben kann, in Solidarität mit den anderen und nicht in Konkurrenz zu ihnen.

Und ich weiß, dass ich nicht gefeit bin gegen Rückfälle. Sobald die Zeit kommt, in der ich selbstgerecht werde, über andere urteile, sie gar verurteile; sobald ich meine, ich könne nun ein Heiliger sein, der über alles erhaben ist; sobald mein Leben mit der Bedrohung in Stolz umschlägt, weil ich es so lange geschafft habe, kommt der Rückfall. Der alte Stolz im neuen Gewand.

Deshalb gehört zur Erkenntnis der Bedrohung auch die Ehrlichkeit gegenüber sich selbst und die Mitteilung dessen, was meine Sünden sind oder waren.

In Schritt sieben heißt es: demütig bitten wir Gott, uns von den Mängeln zu befreien. Die Demut ist oft verhöhnt und - auch von mir - als devote Halte verstanden werden. Demut aber ist notwendig, um die Bedrohung überhaupt erkennen zu können.

Das hat nichts mit der Unterwerfung unter andere Menschen, politische Machthaber oder kirchlichen Dogmen zu tun. Demut ist einer der zentralen Werte, die immer wieder rehabilitiert werden müssen. Das soll heißen, dass ich nicht in den Stolz verfalle, die Bedrohung überwunden zu haben. Viel mehr, dass ich sie annehme als meine Bedrohung. Dass ich weiß: ich bin ein Mensch und kein durch Manipulationen fehlerfrei zu machendes System. Die Systeme, die wir Menschen uns geschaffen haben, Industrie, Rüstung, soziale Systeme, Krankheitsbekämpfung, dienen auch dazu, aus der Gesellschaft eine reibungslose Maschine zu machen, auf die die Menschen voller Stolz blicken können. "Bei uns gibt es das nicht mehr", die

Armut, die Schwäche, den Tod - das sollen sie vorspiegeln. Sollten wir nicht, wie die AA für sich, alle lernen, demütig unsere Bedrohung durch die Sünde - wenn einer sich des anderen bemächtigt - anzunehmen und damit zu leben?

Ich bin Sünder, ich benutze andere, um mich zu rechtfertigen, ich rede mich gerne aus der Verantwortung, ich sichere mich mehr als notwendig, ich erwarte von den anderen, dass sie für mich alles tun, ich reagiere gerne mit Macht gegen andere und sehe es gerne, wenn auch die Politiker das machen. Ich glaube nicht immer, dass es auch darauf ankommt, wie ich glaube, dass ich mit dieser Bedrohung leben kann.

Diese Betrachtungsweise kann auch umgekehrt werden: Das von den AA - Mitgliedern geschilderte Erlebnis gleicht einer echten Bekehrung. Es ist keine Bekehrung im konfessionellen Sinne, Bekehrung heißt hier in der Tat Umkehr. Die Alkoholsucht wird nicht therapeutisch revidiert. Es wird im Gegenteil die Art des Lebens geändert. Unter der Herrschaft des Alkohols lernt der Betroffene, sein Leben neu zu sehen und sich an ihm zu freuen, statt es um jeden Preis auszuschöpfen und sich alle nur möglichen Mittel kritiklos einzuverleiben. Die Gemeinschaft in der Gruppe dient der ständigen Bewusstmachung und Einübung in die neue Lebensweise.

Christen können davon nur lernen. Nicht die Organisation der äußeren Formen, nicht die Verwaltung ein Mitgliederstammes, allein das Bewusstwerden der „Sünden" und die Einübung in das Leben mit ihr und nicht unter ihrer Herrschaft, schafft Möglichkeiten,

Gott zu erfahren, leben zu lernen.

In der seelsorgerlichen Literatur sind Berichte aus der Praxis erschienen, die sich mit dem Sucht- Problem auseinandersetzen. Der Bereich der Suchtkrankenbetreuung wird aber sonst in den Gemeinden vorwiegend durch die Raumgewährung für die Anonymen Alkoholiker geleistet, bisweilen betreuen Sozialarbeiter im kirchlichen Dienst Gruppen von Abhängigen. Das Suchtproblem hat nach einem Boom in den siebziger Jahren nun wieder einen ruhigeren Verlauf angenommen. Dennoch stellen in den Krankenhäusern, vor allem aber in psychiatrischen Kliniken, die Suchtkranken einen großen Teil der Gesamtaufnahmen. Jedoch wandelten sich in den letzten Jahren die Klienten. Häufiger- als vor einigen Jahren ist Arbeitslosigkeit im Spiel. Suchttherapie hat etwas Faszinierendes an sich, eine Art "Sog". Die Suchtprobleme laden zur Auseinandersetzung ein, die hohen Rückfallquoten halten die Therapeuten in Atem. Die Tendenz, Betreuung möglichst weit auszudehnen und möglichst effektiv zu gestalten, bildet die Rückseite und das Ergebnis dieses Bildes. In der Praxis einer großen Klinik ist die Ausführbarkeit von langen, differenzierten psychoanalytischen oder psychoanalytisch orientierten Therapien meist durch die von Krankenkassen genehmigten viermonatigen Kur, die im Höchstfalle durch eine Nachkur nach zwei Jahren fortgesetzt werden darf, begrenzt. Diese Art der Behandlung erfordert einen hohen Organisationsgrad und eine möglichst hohe Dichte therapeutischer Interventionen und Behandlungen. Wenn nach einer Reihe von Aufenthalten eine „Kur" genehmigt wird, der Patient auch dazu motiviert ist und aufgenommen wird, ist der Krankheitsprozess meist schon weit fortgeschritten.

Die Kuren treffen eine Vorauswahl der „therapiefähigen" und nicht therapiefähigen Menschen. Viele Betroffene machen jedoch nach einigen Versuchen der Therapie den Weg vom therapiefähigen zum nicht therapiefähigen Menschen am eigenen Leibe und an der eigenen Seele mit. Gesetzt den Fall, der Seelsorger sieht nicht seine 'Aufgabe darin, möglichst intensiv nach vorheriger oder mitlaufender Ausbildung in den Therapien mitzuarbeiten, die von den Krankenkassen finanziert werden, wird er vor allem mit Menschen zu tun bekommen, die in der Suchtkarriere schon weit gekommen sind. Auf diesem Terrain gibt es dann wenige, in deren Therapiepläne er sich verstricken könnte.

Da liegt das Problem des Umgangs mit Suchtkranken allein in seiner Person, ein Problem, das aber von allen, die auf den Stationen mit weiter "abgestiegenen" Suchtpatienten arbeiten, geteilt wird. Das auffälligste Merkmal, das alle Mitarbeiter heimsucht, ist die häufig wiederkehrende Mühe, sich überhaupt zu organisierten Gruppengesprächen mit Suchtkranken, die schon Therapien und Aufenthalte verschiedenster Art hinter sich haben, aufzuraffen. Ist es dann aber schon einmal geschehen, droht in wiederkehrenden Intervallen das Gefühl: „Es hat keinen Sinn." Ausgenommen sind davon die Berufsgruppen, deren einzige Aufgabe die Veranstaltungen von Gruppentherapie ist. Ihre Aufgabe verhilft ihnen zu einem gewissen Ansehen unter den Patienten. Sie wissen: Wer sich ohne weiteres weigert, eine Gruppe bei ihnen zu besuchen, muss mit der Frage rechnen, was er hier überhaupt will. Diese Frage ist aber schon so beschwerlich, dass die meisten lieber von sich aus erspüren, was der jeweilige Therapeut haben will und es dann auch möglichst erfüllen.

Ich schildere in der Folge zunächst einige Stadien der Vorbereitung und des Ablaufs einer Gruppe mit Suchtkranken.

Danach folgt ein Versuch der Interpretation, in der soziale und psychische Gesichtspunkte untersucht werden. Als Drittes ist zu fragen, welche seelsorgerlichen Aspekte zur Bewältigung für den Seelsorger und die Patienten hilfreich sind. Schließlich sollen Gruppensituationen abschließend Hintergründe und Ziele verdeutlichen helfen.

Eine Gruppe in der Suchtabteilung

Auf einer Station treffen sich Schwestern, ein Sozialarbeiter, ein Pastor. Alle haben das gemeinsam das
Gefühl: „man müsste,..." für die Patienten der Station
irgendeine Form der Gruppenarbeit anbieten. Woher
dieses Gefühl kommt, wird zunächst nicht untersucht. Auffälligerweise tritt es immer dann verstärkt
auf, wenn irgendjemand im Kreis der Mitarbeitenden
neu ist. Die meisten Beteiligten haben bereits Erfahrungen mit Gruppen auf Suchtabteilungen. Deshalb
wird einfach daran gegangen, die Patienten in zwei
Gruppen einzuteilen und Termine abzusprechen.
Einig sind sich alle: Wenn die Patienten locker gefragt
werden, wer Interesse an einer Gruppe hat, dann
antworten sie ausweichend bis ablehnend. Manche
sagen gleich: „Es bringt ja doch nichts...", um dann
alle Gruppen aufzuzählen, durch die sie bisher gelaufen sind. Die Motivation "etwas zu tun" geht also
eindeutig von den Mitarbeitern aus.

Die Gruppe kann deshalb pünktlich zum abgesprochenen Termin beginnen.

Zum abgesprochenen Termin sitzen in der Tat sechs
Gruppenmitglieder an einem Tisch bereit. Einer fehlt
noch - laut Liste.

Die Frage, ob jemand Herrn M. gesehen hat, wird mit
gleichgültiger Mine beantwortet. Die erneute Frage
löst die Gegenfrage aus, wer das denn sei. Aber Herr
M. kommt bereits. Da den Gruppenleitern die Gesichter relativ neu sind, und da ein Einstieg in die Gruppe
gefunden werden muss, bittet einer um Vorstellung.
Die Vorstellung beginnt sehr zögerlich, die meisten

nennen nur ihren Namen. Lediglich einer legt gleich los. „Ich heiße S., ich sitz hier wegen Alkohol. Aber da kommen wir sowieso nicht mehr heraus!" Und dann beginnt eine deftige Schilderung der Unmöglichkeit, als Alkoholiker überhaupt einen gangbaren Lebensweg zu finden. „Wenn sie in einem Zimmer im Asyl sitzen, unter anderen, die auch nichts tun, wenn Sie keine Arbeit haben und bei jeder Frage nach Arbeit vom Arbeitsamt wieder abgewiesen werden, was Ihnen schon seit zwei Jahren passiert, wenn Sie keine Familie haben, keine Freunde, niemand, für den Sie sorgen müssen, ..." Die Folgen kann sich nun unstreitig jeder denken. Herr S. schildert Schritt für Schritt die Aussichtslosigkeit jedes Versuchs, irgendetwas an sich zu tun, überhaupt irgendetwas zu tun, was dem Alkohol vorbeugen könnte. Herr A. wirft daraufhin ein, so schlimm sei es bei ihm ja doch noch nicht. Er könne auch einmal vier Wochen ohne Alkohol auskommen. Und wenn er getrunken habe, sei er auch imstande, für längere Zeit wieder aufzuhören. Herr S. hatte dafür seine Erklärung:

"Dann bist du auch kein Alkoholiker! Wir müssen trinken, wenn wir angefangen haben." Darauf wirft einer der beiden Therapeuten" ein wenig naiv ein, dann sei es doch das Beste, mit dem Trinken erst gar nicht anzufangen. Darauf folgt wieder eine ca. zehnminütige Schilderung der vorherigen Art, die nun aber in einer Verstärkung ausläuft: „Alle, die es schaffen, mit dem Trinken aufzuhören, wissen noch gar nicht, was ein Alkoholiker ist. Aber sie kommen auch noch soweit!" Der andere Gruppenleiter versucht sich nun durch Hinweis auf positive Beispiele einzuschalten: Er kenne Menschen, die es geschafft hätten, z.B. solche, die sich auf dem letzten Meeting der AA-Gruppe vorgestellt haben. Da ist Herr S. an seinem Lieblingsthema angelangt: „Die, die da so groß 'rumreden, die haben ja alle noch eine Familie und Ihre Arbeit. Was soll denn daran Besonderes sein!" Die anderen kommen nun aus ihrem Schweigen hervor: „Schauen Sie die die doch an! Die essen soviel Süßigkeiten während ihrer Meetings und rauchen eine Zigarette nach der anderen! Ist das etwa keine Sucht?"

Einer der Gruppenleiter entschließt sich nun, die Situation durch Verbalisierung weiterzubringen: „Ihre Schilderungen machen mich hilflos. Aber ich höre doch auch, dass ihnen die Hilflosigkeit gefüllt!" Daraufhin fängt ein bisher nicht beteiligter Patient mit einer Schilderung seines Werdegangs an, die bis zum Ende der Sitzung dauert.

Einige Wochen später, die Gruppe hat inzwischen „Übung", einige Teilnehmer wurden entlassen, z.B. Herr S., andere sind neu gekommen, steht der Rückfall im Mittelpunkt. Einer der Teilnehmer hat Ausgangssperre, weil er im Urlaub getrunken hatte. Er schildert zunächst ganz unbeteiligt, dass es schon nachmittags angefangen hat, aber nur mit einem einzigen „Korn". Als er dann aber am Bahnhof angekommen war, ging er in die Stadt; dort erst trank er ein paar Stunden lang, nicht zuviel aber auch nicht zuwenig. Zuvor hatte er um Urlaubsverlängerung gebeten, die aber abgelehnt worden war. Am späten Abend war er dann auf der Station angekommen: er konnte noch selbst gehen.

Den anderen schien das Problem sehr bekannt. Sie sagten dazu, das tun wir alle und wollten über den Rückfall hinweg gehen. Es gäbe keine Gründe dafür. Doch einer der Gruppen-leiter beharrte auf der geschilderten Situation. Warum er nach dem ersten Glas am Nachmittag nicht aufgehört habe, wollte er wissen. Das wisse er auch nicht. Nun wird aber der Nachmittag bis zum Anruf minutiös nachvollzogen: Der Drang zum Trinken war nicht stark. Er konnte bis zu Ankunft auf dem Bahnhof mit „dem ersten Glas" auskommen. Warum er Urlaubsverlängerung haben wollte, „wusste" er nicht mehr. Da half die Erinnerung der anderen: Ausgangssperre hätte er auf jeden Fall bekommen.

Vielleicht war der erste Impuls, um die Urlaubsverlängerung nachzusuchen, einfach der, nicht wieder mit einem „Rückfall" in der Stationstür stehen zu müssen. Auf diese Vermutung reagierte er mit Zustimmung. Daraus folgte dann: Betrunken lässt sich der Rückfall leichter ertragen, wenn er entdeckt wird. Und entdeckt wird er sowieso. Einer der Gruppenleiter wirft nun die Frage auf, ob es sinnvoll wäre, bei der Entdeckung eines „Rückfalls" flexibler zu reagieren. Die ganze Gruppe wehrt sich vehement gegen eine solche Vorstellung. Soweit könne man doch nicht nachgeben. I

In einer dritten Sitzung, die ich hier wiedergeben möchte, sagt einer der Teilnehmer, der Rückfall sei programmiert. Die anderen stimmten zu. Das Programm konnten sie aber nicht näher beschreiben. Beschreibbar war das Gefühl, es laufe ab. Eigene Beteiligung sei so gut wie ausgeschlossen. Einer benutze das Wort unbewusst. Sie wüssten wohl, dass sie nicht trinken dürfen, …. das gehe bei ihnen nicht. Das Programm ließe sich aber nicht abschalten. Auf die Frage, wer ihnen das Trinken verbiete, kamen Antworten wie: der Arzt, der Vermieter, die Gesundheit … Herr X. fing daraufhin an, zu berichten, in seinem Haus wohnten zwei Männer, die es geschafft haben, mit dem Trinken aufzuhören.

Der Arzt habe zu ihnen gesagt, wenn sie noch einmal tränken, könnten sie sich auf dem Friedhof wieder finden. Seine Erzählung schloss: „Wenn man dann war zu verlieren hat, dann überlegt man sich das." Die Gruppe war sich einig in dem Gedanken, in einer solchen Lage sei wohl ein solcher Entschluss möglich. Dann jedoch kam einem die Idee, dass sich manche durchaus „tot saufen". Zu ihm habe der Arzt auch gesagt, wenn er nicht in Krankenhaus gekommen wäre, wäre er jetzt tot. Ob er das Programm nun abschalten will, ließ er offen. Ein einziger Teilnehmer versuchte am Ende noch, das Programm zu formulieren: „Nichts sehen, nichts hören, sich nicht demütigen lassen, sich nicht abweisen lassen, keine Enttäuschungen ertragen müssen." Das aber konnte ein anderer nicht stehen lassen. „Leute", sagte er, „der Alkohol macht uns auch viel zu empfindlich. Wir müssen härter werden!"

Bei einer vierten Sitzung nimmt Herr D. teil. Siebenundzwanzigste Aufnahme. Herr D. beginnt auch gleich zu reden.

Acht Monate hatte er es geschafft. Doch dann fing es wieder an. Er konnte nicht mehr gehen und hätte sich am liebsten umgebracht. Er kennt aus seinen ca. 7

Jahren der dauernden Aufnahmen viele seiner Mitpatienten. Er konnte berichten, von denen seien inzwischen 12 gestorben, im Alter alle unter fünfzig Jahre. Sie jedoch hätten alle auch noch Medikamente zum Alkohol konsumiert. Er ertappte sich jedoch gleich selbst: diese Täuschung dürfe er sich jetzt nicht vormachen, der Alkohol alleine bringen die Menschen auch soweit.

Danach begann er, seinen Rückfall zu rekonstruieren: Es ging ihm wieder richtig gut. Da dachte er, warum sollst du das denn nicht mal mit einem Bier begießen. Das schaffst du doch längst! Die anderen nehmen das zum Anlass, sich zu fragen, warum sie aus den erneuten Aufnahmen, dem sozialen Absinken usw. nichts lernen.

Sie beginnen mit Selbstvorwürfen, bezichtigen sich der Lügen, der falschen Vorsätze. Der Gruppenleiter interveniert und sagt, sie sollten sich nicht selbst schlecht machen, das sei auch ein Grund, zu trinken. Er benützt nun den ersten Schritt der AA-Gruppen: „Wir gaben zu, dass wir dem Alkohol gegenüber machtlos sind und unser Leben nicht mehr meistern konnten." Es sei also kein falscher Vorsatz, wenn man sich als Alkoholiker vornehme, nicht mehr zu trinken, es sei vielmehr eine Illusion!

Alle Gruppenteilnehmer fallen bei einer wöchentlichen Gruppenfrequenz manchmal eine Woche aus, weil sie entlassen wurden. Doch in der nächsten Sitzung sind sie meist wieder da. Die Geschichte beginnt von vorn.

Versuch einer Interpretation

a) Die Motivation geht vornehmlich von den Mitarbeitern aus

Es ist für viele Mitarbeiter die einzige Möglichkeit, sich näher und eingehender mit Suchtpatienten zu beschäftigen, wenn sie regelmäßig zu einer Gruppe zusammenkommen. Die Vorstellung, eine Gruppe zu veranstalten, gibt das Gefühl, dem Geschehen nicht ganz hilflos ausgeliefert zu sein. Es macht sich eine Art Helfersyndrom bemerkbar: Was den anderen helfen soll, dient doch auch zugleich der eigenen Befriedigung. Besonders beim Seelsorger liegt die Gefahr nahe, weil er den Patienten gegenüber keine „Betreuungsrolle" innehat, sie auch umgekehrt weniger als etwa psychotische oder auch depressive Patienten von sich aus Kontakt suchen. Durch die Veranstaltung einer Gruppe lässt sich das beheben. Die zunächst gar nicht zustande kommende oder häufig in „Geldwünschen" bestehende Beziehung wird organisiert, greifbar gemacht. Es ist also ein irgendwo berechtigter Wunsch, die Arbeit so zu organisieren. Das schlechte Gewissen, das die Suchtpatienten in den Betreuern und auch im Seelsorger hervorrufen, wird dadurch beruhigt. Es besteht aus Schuldgefühlen gegenüber der Empfindung des Helfers, den A. sei ja doch nicht zu helfen bzw. sie „könnten" am Ende doch, wenn sie „wollten". Das Helfer - Über - Ich lässt solche Einschätzung nicht zu.

Das Gegenüber dieses Wunsches tut vieles, um das Zustandekommen von Gruppen zu verhindern. Manche lehnen gleich ab. Manche geben die Teilnahme eines Pastors auf Grund für die Ablehnung an, doch stets wissen sie auch, wenn außerhalb veranstalteter Therapie ein Gespräch zustande kommt, ganz gezielt mit der Ansicht umzugehen, für sie würde nicht genug getan, was jedoch für sie getan werde, sei unnütz. Sie geben gleichzeitig bereitwillig zu verstehen, ohne Krankenhaus und Kontrolle wäre sie jetzt betrunken. Der Wunsch, etwas zu tun, kann als Reaktion auf eben diese widersprüchlichen Beziehungsangebote aufgefasst werden. Zwei Reaktionen sind denkbar und werden auch in Wirklichkeit so durchgeführt: Die widersprüchlichen Beziehungsangebote: „Tu etwas - was du tust ist falsch". „Kontrolle ist schrecklich - ohne Kontrolle wäre ich verloren" lassen sich entweder durch strikte Nichtbeachtung oder aber durch versuchte Strukturierung einer Lösung näher bringen - so die Ausgangslage der Motivation, „etwas zu tun".

b) Kumpanei

Eines der auffälligsten Merkmale, die hervortreten, wenn ein Leiter auf eine ihm noch unbekannte Gruppe trifft, macht sich als rätselhafte Unkenntnis der Beteiligten übereinander bemerkbar. Sie kennen sich nur in kleinen Gruppen und selten mit Nachnamen. Auf der Station stehen sie beziehungslos herum, ein Gespräch irgendwelcher Art, an dem sich locker mehrere Menschen beteiligen, ist kaum zustande zu bringen. Andere werden meist als „total abgetreten" oder „Angeber" qualifiziert. Über die Beziehung zu sich selbst hinaus lässt sich eine Art Kumpanei beobachten. Kumpanei funktioniert bisweilen, wenn einer sich benutzen lässt, „Stoff" mit auf die Station zu bringen.

Vor jeder psychologischen Wertung dieser Verhaltensweisen ist zu fragen, ob nicht der Einfluss therapeutischer Bemühungen sich hier bemerkbar macht. Oberster therapeutischer Grundsatz ist, dass jeder bei sich selbst und nicht beim anderen das Problem Alkohol lösen muss. Darüber hinaus wird aber dieser therapeutische Obersatz vom Alkoholiker selbst mitprovoziert. Wie er in seiner nassen Phase Verbindung zu seinem Mitmenschen vor allem über die Flasche findet, so gibt es Verbindung im Krankenhaus vor allem über das Gegenüber zur Flasche. Personen scheinen mehr oder- weniger austauschbar. Ihre Geschichten ähneln sich oberflächlich weitgehend. Es scheint, als reiche das Wissen bzw. die Gewissheit, „der andere ist auch Alkoholiker".

Wer das weiß, weiß genug. Geschichte wird für viele zur „Ausrede" oder „Entschuldigung". Zur Charakterisierung dienen nicht mehr der Beruf, die Stellung, die Familie, Eigenarten oder „Hobbys", der Wohnort und die Zugehörigkeit zu gesellschaftlichen Gruppen. Deshalb ist es auch gar nicht interessant, zu wissen, wer wer ist. Therapeutische Grundregel und Krankheitsbild wirken Hand in Hand.

c) Die Inszenierung eines Untergangs

Diese Voraussetzung prägt die Gruppengespräche: Im Grund kann immer einer für alle sprechen. Die Einzelnen repräsentieren verschiedene Stufen derselben Leiter. Oft ist es der bekanntermaßen am weitesten "Fortgeschrittene", der in der Gruppe zu sprechen beginnt. Ohne jegliche Leiterintervention ergäbe das einen „abendfüllenden Einmannauftritt" Der „Fortgeschrittene" präsentiert sich als jemand, dem man nichts mehr vormachen kann. Herr P. hat alle Stufen durch. Er weiß Bescheid. Er „weiß" vor allem über die „Aussichtslosigkeit" des ganzen Unternehmens Bescheid.

Seine Schilderung ist unbezweifelbar richtig und unbestreitbar logisch. Es ist die Endstufe des Alkoholikers, die Herr P. schildert. Danach gibt es allenfalls noch das „Korsakow- Syndrom", dessen Träger sich aber nicht mehr präsentieren kann. Auch die Angaben über die sozialen und gesellschaftlichen Möglichkeiten ließen sich Stück für Stück belegen.

Herr P. inszeniert seinen Untergang als soziales und als gesellschaftliches Wesen. Bei dieser gnadenlosen Inszenierung fallen dann doch bei einigen Gruppenmitgliedern „Vorhänge". Sie produziert Hilflosigkeit, die auch der Gruppenleiter durch Hinweis auf andere, die es schließlich geschafft haben, abzuwehren versucht.

In der Interpretation aber wird deutlich: Herr P. ist der Autor seiner Geschichte, der Regisseur seiner Auftritte und sein eigener Hauptdarsteller. Durch die sehr impulsive und eindeutige Präsentation fällt es schon einigen anderen auf, dass sie nicht einfach nur Alkoholiker sind. Zum Schluss aber sind sich mit einem Male wieder alle einig in ihrer Aggression auf die, die es geschafft haben. In dem Merkmal Sucht kann ihnen keiner mehr etwas vormachen, vor allem keiner, der sich auch noch bekehren will. Diese Abwehr hat ihre Funktion in der Präsentation: Der Untergang soll einer sein, den man offenen Augen sieht, ein Schicksal, dem der Betroffene nicht entgehen kann. Wer sich aus diesem Schicksal hinaus stiehlt, etwa durch Anschluss an eine Abstinenzler-Gruppe, muss zum negativen Helden werden, soll die Inszenierung ihren Wert behalten. Anders: wie sollte Herr P. vom Ende der Leiter einfach wieder hinab ins ganz unheldische Leben, seine Sozialhilfe in Empfang nehmen, ab und an zum Arbeitsamt gehen, essen und schlafen? Der ganze wohl inszenierte Heroismus eines schicksalhaften Untergangs wäre dahin. Er müsste vorlieb nehmen mit den "Bösen", die ihm alles verweigern, er müsste seine Erbärmlichkeit erkennen, von nichts als der Flasche abzuhängen, er müsste Abhängigkeiten der Gesellschaft anerkennen lernen.... Solange die anderen alle in Hilflosigkeit bleiben und aus seiner Sicht bleiben müssen, die einen als unfähige Helfer, die anderen als Menschen, die mit seinem schweren Schicksal nichts gemein haben, ist seine Inszenierung gesichert. Es ist nicht leicht, sich der "Logik" dieser Inszenierung zu entziehen.

Von hier ausgehend fällt auf das Gruppenverhalten ein anderes Licht. Je weniger Akteure auf der Bühne sind, desto besser ist es möglich, seine Rolle zu spielen. Wenn ich die anderen lediglich als Alkoholiker, nicht aber als Akteure auf derselben Bühne verstehe, bleibt jedenfalls meine Bühne für mich frei. Deshalb wird man davon ausgehen dürfen, dass auch das Gruppenverhalten und das Verhalten in der Gesellschaft zur "Gestalt" des Alkoholikers gehört, die er selbst inszeniert.

Es spricht in der Gruppe der „Fortgeschrittene" nicht, weil die anderen ihm so gerne zuhören, sondern weil er die perfekteste Inszenierung liefert. Aus diesem Grund rückt in einer der folgenden Sitzungen der Rückfall in den Mittelpunkt.

d) Aggression und Hilflosigkeit

Der Hinweis auf Abstinenzlergruppen löst regelmäßig in den Gruppensitzungen heftige Aggressionen aus. Fast alle Teilnehmer wissen von der Suchtverlagerung und diagnostizieren sie erbarmungslos bei den anderen, die es angeblich geschafft haben. Im Grunde aber erklären sie damit wieder die Unmöglichkeit, mit der Sucht umzugehen. Sie diagnostizieren die Unmöglichkeit bei allen Anlässen, und die provozieren damit Hilflosigkeit bei den Helfern. Indem sie diagnostizieren, retten sie ihre Inszenierung. Eine Anerkennung, dass es dieser und jener geschafft hat, mit der Sucht umgehen zu lernen, hieße für sie offensichtlich, die diagnostizierte Unmöglichkeit in eine Anerkennung eigener Unfähigkeit zu überführen. Diese Anerkennung aber ist gerade das, was der Süchtige ganz offensichtlich vermeiden will. Wenn es ihm nun schließlich gelingt, auch der ganzen „Therapeuten-Riege" mit allem drum und dran, Unfähigkeit nachzuweisen, und Hilflosigkeit zu produzieren, ist das Ziel erreicht, die eigene grandiose Inszenierung durchzuhalten. Einzig durch einen Rückfall gerät die Inszenierung vorübergehend zum Problem:

e) Strafe muss sein!

Die Reaktion auf den Vorschlag, Rückfälle gestaffelt oder "flexibel" zu handhaben, ist wiederum ein Rettungsversuch der eigenen grandiosen Inszenierung. Auf Kleinigkeiten kann man durchaus gestaffelt reagieren, aber doch nicht auf einen "Rückfall". Rückfall, das tun wir alle. Das ist die eigentliche Spitze und gleichzeitig die Achillesverse der Selbstdarstellung. Daran lässt sich alles dauernd wiederholen, vor allem die allseitig produzierte Hilflosigkeit. Würde die Reaktion der Station flexibel ausfallen, könnte es sein, dass die Inszenierung darunter leidet. Wenn jedoch Rückfall vom ersten Glas bis zur Volltrunkenheit gleich gehandelt wird, ist es ein Eingeständnis der Hilflosigkeit. Der Alkoholiker hat wieder einmal „bewiesen", dass nichts zu machen ist und das, was getan wird, nicht hilft. Deshalb ist für ihn der Rückfall auch eine Angelegenheit, deren Ablauf aufzudecken er sich wehrt. Was ist eigentlich passiert? Gruppen wehren sich im Allgemeinen zunächst einmal dagegen den Rückfall in kleinen Schritten nachzuvollziehen. Er wird wie eine unangenehme Sache einfach konstatiert, um möglichst schnell darüber hinweg zu kommen. Oder er wird mit der unvorstellbaren Menge an Alkohol, die der Betroffene konsumierte, genüsslich garniert.

f) Jeder Rückfall besteht aus kleinen Schritten

„Es hat angefangen." Die Rückfallschilderungen beginnen meist mit Formeln bzw. Worten, die eine seltsame Art des Unbeteiligtseins ausdrücken. Die Gier „überfällt" den Betroffenen. Er bekommt sein „Janker". Er kann es nicht mehr aushalten. Oder er hat dauernd Kontakt mit Leuten, die trinken. Der Alkohol begegnet ihm auf Schritt und Tritt. Eine kleine Bemerkung im Bericht über den Rückfall in der zweiten Sitzung aber machte stutzig.

Vor der Fortsetzung des Trinkens fragte der Betroffene nach einer Urlaubsverlängerung. Seine Nachfrage, die negativ beschieden wurde, hatte „keine Gründe". Jedenfalls wusste er nichts mehr davon. Obwohl es manchmal gelingt, einen Hergang zu schildern mit Gefühlen, die daran beteiligt waren, so ist doch eine solche Schilderung den Gruppenteilnehmern unangenehm. Sie schildern gerne, wie das Verhängnis wieder hereinbrach und zu welchen Ausmaßen es nach kurzer Zeit gelangte. Dass es jedoch aus ganz kleinen menschlichen Schritten bestand, die dazu auch noch jeder Mensch nachvollziehen kann, zerstört die eigene Inszenierung.

Folgerichtig verstehen viele den Alkoholismus als „Programm". Rückfälle sind programmiert. Die eigene Beteiligung ist denkbar gering, sie wird jedenfalls so empfunden. Auch damit wird die „Verstrickung" deutlich gemacht und die eigene Inszenierung gerettet. Nur der Begriff Programm ist neu ins Gespräch gekommen. Wer kann das Programm abschalten? Es kommen wenige Beispiele. Sie kulminieren in der Drohung mit dem Tod. Der Verlust des Lebens, der Verlust der Inszenierung könnte das Programm vielleicht abschalten, es sei denn, die Inszenierung des grandiosen Untergangs werde mit dem Tode erst gekrönt.

Erst nach diesem Versuch, die Grenze wahrzunehmen, ist ein Teilnehmer in der Lage, das Programm selbst zu beschreiben.

Das Gefühl des Abgewiesenseins, des Gedemütigtwerdens, die Angst davor, beim Kontakt mit Menschen in eine solche Lage geraten zu können, sind sozusagen der Schalter für das Programm.

Von hier an wendet sich die Gesprächslage. Ein neuer Teilnehmer fängt an, seine Lage offen zu schildern, sodass seine eigene Beteiligung auch erkennbar wird.

Nach einiger Zeit der Trockenheit hatte er den Eindruck, er könne doch wie alle anderen auch trinken. Er hatte also aus vielen Krankenhausaufenthalten nichts gelernt. Dieses war das unausgesprochene Stichwort für die Wendung des Gesprächs. Es begannen für eine solche Gruppe ungewohnte Selbstbezichtigungen. Sie wollten ja wieder trinken, wenn sie das Krankenhaus verließen, ihre „Vorsätze" seien „falsch", wird manchmal in solchen Sitzungen „bekannt". Das ist die Kehrseite der grandiosen Inszenierung. Der Gedanke, einfach nur Alkoholiker zu sein, weiter nichts, bleibt auch in dieser neue Situation unerträglich.

Die Inszenierung der eigenen Verstrickung, die etwas Grandioses an sich hat, und die Produktion von Hilflosigkeit in der Umwelt scheint die eigentliche „Absicht" des Alkoholikers zu sein. Diesem Vorgehen dienen alle Mittel und Begleiterscheinungen. Schließlich konzentriert sich das Problem nur noch darauf, die Inszenierung und die Hilflosigkeit zu retten - wovor? Sie muss vor der Einsicht gerettet werden, die die Anonymen Alkoholiker als ersten Schritt formuliert haben: „Wir geben zu, dass wir dem Alkohol gegenüber machtlos sind - und unser Leben nicht mehr meistern konnten."

Die ganze Inszenierung dient dazu, die eigene Hilflosigkeit nicht einsehen zu müssen. Lediglich der Blick

„über die Grenze", die unmittelbare Nähe des Todes, lässt, im Bild gesprochen, ein Einlenken zu. Vor dem Tode hilflos zu erscheinen, aus der Gosse wieder aufzustehen, ist eher Rettung als Zerstörung von Grandiosität.

g) Welche seelsorgerlichen Aspekte lassen sich an diesen Analyseversuch anschließen?

Jedes Einsteigen in den Inszenierungsversuch oder das Gefühl der Hilflosigkeit hemmt das Zustandekommen einer Beziehung in der Gruppe. Und gerade an dieser Stelle ist mir als Seelsorger Hilflosigkeit so deutlich geworden wie nie.

Ich fing an, unter dem Verlust der "einfachen Einsichten" zu leiden. Ich fühlte mich gezwungen, über meine Inszenierung nachzudenken. Warum mache ich eigentlich solche Gruppen?

Wollte ich nicht - spiegelbildlich zu den anderen Gruppenmitgliedern - auch bei mir die Erfahrung der Hilflosigkeit fernhalten, schon alleine durch Veranstaltung einer Gruppe an der Stelle, an der die therapeutischen Aktivitäten dünn gesät sind? Hilflosigkeit ist in der Tat eine der anstrengendsten Erfahrungen in diesem Arbeitsfeld. Dennoch liegt in der Erfahrung und im Erlebnis der Hilflosigkeit, auch in ihrer Verbalisierung, die Gefahr, sich in ihr zu gefallen. Hilflosigkeit ist möglicherweise im Anschluss an die „hilflosen Helfer" ein Teil des „richtigen" therapeutischen und demnach auch seelsorgerlichen Selbstverständnisses. Gruppensitzungen können auf diese Weise zu einer gemeinsamen Zelebration der Hilflosigkeit werden, die allerdings von der versteckten Hoffnung begleitet sind, gerade dadurch für sich das richtige zu erreichen. Also: Inszenierung der Grandiosität der Hilflosigkeit. In solcher zwiespältigen Lage ließ sich das Gefühl „es hat keinen Sinn" leicht erklären. Die Hilflosigkeit wird nicht zum echten Erleben, sondern zum therapeutischen Trick.

Sie ist nur die Folie, auf der sich die Grandiosität abspielt. Damit ist die Spiegelbildlichkeit des Erlebens hergestellt: Der Alkoholiker produziert Hilflosigkeit bei seinem therapeutischen oder seelsorgerlichen Gegenüber und dieses benutzt seinerseits die Hilflosigkeit als Stützung der therapeutisch - seelsorgerlichen Inszenierung.

Die Gruppenmitglieder lassen Hilflosigkeit des Therapeuten aber nicht zu. Sie fordern Macht heraus, der sie dann Versagen nachweisen können und das können sie ohne Problem. Die einzige Möglichkeit, in diesem Spiel nicht mit Inszenierung und Gegeninszenierung sich gegenseitig auf - und abzuschaukeln ist die klare Trennung in ich und du. Identifikation seitens des Gruppenleiters bringt jede sinnvolle Möglichkeit der Gruppenarbeit zum Erliegen. Auch die Helfer - Klient - Kollusion ist der sichere Weg zur Aufrechterhaltung der Inszenierung der Grandiosität durch die Produktion von Hilflosigkeit beim Gegenüber. Solange der Gruppenleiter in die Rolle des Helfers und damit des Versagers in der Kontrolle des Alkohols mit einsteigt, bleibt sein Platz innerhalb der Inszenierung gesichert und seine Wirkungslosigkeit ebenfalls.

H. Harsch beschreibt die Inszenierung als das „Opfer – Retter – Verfolgerspiel" und den Alkoholismus als eine Folge des Versuchs, die Kontrolle auf jeden Fall zu behalten. Diese Interpretation scheint mir nur sinnvoll, wenn es um Kontrolle des Gefühls der Hilflosigkeit geht und um die Rettung der Inszenierung. Er gewinnt dadurch „Sicherheit und Größe", Gefühle, die ihm sonst in der Erbärmlichkeit seines eigenen Anblicks abhandenkommen. Ich glaube aber nicht, dass der „Stoff" die Größe verleiht, sondern die Inszenierung. Der Stoff ist dazu lediglich ein Mittel. Auch die von Harsch angeführte Willenstärke ist eher Vermeidungsverhalten. Kein Mensch, auch nicht ein Alkoholiker, geht „meilenweit", wenn er ohne die Flasche sein könnte. Das hat mit Willen und Einsatz nichts zu tun, sondern zeigt wiederum Abwehr von drohender Entlarvung der Hilflosigkeit.

Probleme der Gegenübertragung

Seelsorger sind in einer vergleichsweise komplizierten Lage. Sie haben Teil an der allgemeinen Abwehrhaltung gegen die Suchtkrankheiten, sind andererseits aber besonders anfällig für eine „verständnisvolle" Haltung gegenüber den Betroffenen. Wenn dieses "Verständnis" nicht Wirkung zeigt, droht das seelsorgerliche Welt - und Selbstbildnis zusammenzubrechen. Verständnis und Annahme der Lage des Alkoholikers und vor allem seiner "Gründe" zum Trinken helfen ihm, seine labile Position zu stärken und seine Inszenierung zu retten.

Der Alkoholiker bedarf sicher der Annahme und Vergebung Gottes wie jeder andere Mensch auch. Aber man kann sie ihm als Seelsorger nicht ungefragt verabreichen wie eine neue Dosis des Stoffes. Selbstrechtfertigung will verstanden, aber nicht mir verstehender Annahme zugedeckt werden. Vielleicht liegen zwischen dem Seelsorger und dem Abhängigen auch gleiche Strukturen vor, die miteinander Kommunizieren. Auch Seelsorger empfinden die harten Realitäten der Welt als belastend und greifen gerne nach dem Wort Gottes bzw. nach der Annahme, in der sich die Spannungen auflösen oder wo ihnen wenigstens nur ein vorletztes Gewicht zugesprochen wird, das ihre kränkende Kraft verringert.

Glauben dient als Droge in der persönlichen Lebensgestaltung. Er hilft, die Realität nicht in ihrer Ambivalenz, aushalten zu müssen und Veränderung in dieser Ambivalenz zu akzeptieren, was seelische Spannungen auslösen muss, sondern die Realität als „ganz böse" im Licht des Glaubens erleben zu können. Nicht umsonst leiden Seelsorger häufig sehr unter der Institution, in der sie arbeiten, weil sie das Bedürfnis nach der nur guten Mutter nicht erfüllen kann, sondern eine weltliche ambivalente Institution ist, die Anpassung und Leistung verlangt. Allerdings tut die Kirche alles, um diesen ihren eigenen Zustand zu verschleiern und die Illusion der nur guten Mutter aufrecht zu halten.

Auch die „plötzlichen Bekehrungen" drogenabhängiger junger Menschen, von denen der 70iger Jahre berichtet wurde, lassen sich unter diesem Vorzeichen einordnen. Ein dauernd zu Verfügung stehendes Objekt wird durch ein anderes, noch barmherzigeres und paradiesischeres ersetzt. Die Objektspaltung zeigt sich deutlich und symptomatisch in kriminellen Akten wie z.B. der Verwüstung der "pro-familia-Beratungsstellen" in Bremen, Hamburg und Kiel durch einen bekehrten Abhängigen. Auch ganze Seelsorgekonzeptionen lassen sich bei näherem Zusehen unter solchen Gesichtspunkten betrachten. Seelsorger versuchen Annahme als Grundaufgabe der Seelsorge zu verwirklichen, indem sie alles annehmen und sich dabei der dauernden Annahme Gottes versichern.

Um den Gedanken und das Empfinden der Annahme allumfassend zu halten, liegt es nahe, die aggressiven Anteile abzuspalten. Was im Alten Testament als Strafe und Zurechweisung erfahren wurde, muss jetzt aus dem Gottesbild ausgeklammert und abgespaltet werden, damit die Ambivalenz des nachparadiesischen Zustands nicht Seelsorger sein und Seelsorge ausüben unmöglich macht. Aggressive, zerstörende Elemente und Erfahrungen des Lebens werden charakteristischer Weise in der neueren Theologie und in der Seelsorge nicht mehr als Aggression, sondern als Versagung erlebt und interpretiert. Deutlicher kann die narzisstische Einfärbung vor allem der annehmenden Seelsorge nicht mehr dargestellt werden.

Die Gefahr besteht also darin, dass Seelsorger ein Suchtkonzept mit dem anderen zu tauschen versuchen; die Suchtkranken ablehnen, weil ihre Problematik der eigenen allzu nahe liegt; oder ihn in die Abhängigkeit der Annahme bringen, aus der bei beiden Schuldgefühle resultieren müssen, weil aggressive Impulse nicht zugelassen werden können. Sie würden Annahme als Konzept beim Seelsorger und als Erfahrung beim Abhängigen stören und müssen deshalb abgewehrt werden.

Der Seelsorger, der mit Abhängigen zu tun hat, muss

die narzisstischen Elemente seines eigenen Berufs-
bildes und -Verständnisses, die besonderes Kennzei-
chen der neueren Theologie und der annehmenden
5eelsorge darstellt, in die Auseinandersetzung einbeziehen, um sinnvoll arbeiten zu können. Erst danach
lässt sich die Hilflosigkeit, die sich in Gruppen mit
Abhängigen einstellt, genauer interpretieren. Die
Produktion von Hilflosigkeit ist der Versuch, Kränkun-
gen zu vermeiden und die Illusion des paradiesischen
Zustands zu erhalten. Der Abhängige kann weiter
seine Droge benutzen, weil ja doch jeder hilflos ist,
und nur die Droge die Illusion des spannungsfreien
Lebens aufrechterhalten kann. Der Seelsorger kann
weiter der Illusion der Annahme dienen, weil Hilflosigkeit allein den Weg in die Barmherzigkeit Gottes
offenhält, aber nicht die Erfahrung tatsächlicher
Hilflosigkeit und der daraus folgenden Aggression
und Ablehnung und deren Annahme vorbereitet.
Denn die Erfahrung eigener Aggression stellt das ganze Berufsideal in Frage, das durch „narzisstische Zu-
fuhr" der Barmherzigkeit Gottes aufrechterhalten
und vor Spannungen geschützt wird.

Sucht als Problem mit nachvollziehbarem Ver-
lauf: Zwei Fälle

a) Die Gruppensitzungen werden nun so angelegt,
dass alle von den Gruppenmitgliedern angebotenen
Themen aufgenommen werden. Leitungsfunktion
besteht vorerst darin, Gruppenmitgliedern, die von
sich aus nichts sagen, mehrmals in der Sitzung auf ihr
Schweigen hinzuweisen, ohne ihnen jedoch den Aus-
weg des Schweigens zu nehmen. Die aktiven Grup-

penmitglieder geben nun häufig mehrere Sitzungen hindurch ihre Verwicklungen auf der Station und ihre Rückschläge und Rückfälle als Thema ein. Die Stunden werden mit der Frage eingeleitet, was es seit der letzten Stunde an Ereignissen oder Fortschritten/ Rückschlägen zu berichten gibt. Dies soll dazu dienen, aus dem paradiesischen Zustand des Hin und Her zwischen drinnen und draußen herauszukommen. Drinnen und draußen ist ja nur die Wiederholung von Zuwendung und Versagung.

Eine solche Art der Gruppensitzungen ist angebracht, wenn die Teilnehmer längere Zeit hindurch an der Gruppe teilnehmen; es wäre ein brauchbares Modell für Gruppen in Kirchengemeinden. Aus dieser Anlage ergeben sich weitere und andere Gruppeninhalte.

Herr F. erzählt, er werde am Nachmittag wegfahren. Aber ob er wiederkomme, jedenfalls zum geplanten Termin wiederkomme und trocken wiederkomme, könne er nicht mit Sicherheit sagen. Schweigen. Wo es Schwierigkeiten geben könne?

Das wisse er nicht, oder doch: „Wenn Bekannte auftauchen, die mich verführen, sonst passiert nichts." Aber er habe sich ja alles so eingerichtet, dass nichts passieren kann.

Dann beginnt Herr F. zu erzählen, dass er nicht mit Geld umgehen könne. Deshalb nehme er auch nichts mit. Die Gruppe ist zufrieden: „Was soll da noch passieren, wenn er für alles vorgesorgt hat und seine Schwachpunkte kennt?" Aber Herr F. hält daran fest, dass man das ja nie wissen kann. „Kleines Schlupfloch für den Fall, dass ?" „Nein, nein..." Er weiß auch nicht

.... Herr F. erzählt nun weiter, dass er das schwarze Schaf in der Familie sei, der "ungeratene Sohn". Er habe ja auch immer alles bekommen, wenn er etwas haben wollte. Knappheit an Geld habe er nie gekannt. Seine Mutter gab ihm immer genug, wenn er Geld brauchte. Also konnte er alles ausgeben. So sei er das gewohnt gewesen. Deshalb könne er jetzt nicht mit Geld umgehen. Die anderen werden schon für alles sorgen. Die Erzählung endet damit, dass er nicht soweit kam wie sein Bruder, sondern am Ende im Gefängnis landete und nun nicht so recht einsieht, warum er bei zigtausend Schulden, sich wieder um irgendetwas kümmern soll.

Schließlich fällt einem Gruppenmitglied ein Ziel ein: „Du musst pünktlich zurück sein, wir haben doch heute „Knackabend". Herrn F. hält sich immer noch die Hintertür offen, kommt aber am Abend pünktlich zurück. Herr F. sagt in der Gruppensitzung, er verstehe selbst nicht, warum er dauernd rede, aber das müsse nun mal raus!

Die Erzählung von Herrn F. über seinen Ungang mit Geld lässt die Assoziationen in Richtung paradiesischer Zustand, nährende Mutterbrust gehen. Trinken hätte dann mit dem Verlust dieses Zustandes zu tun, den er als ungeratener Sohn vielleicht sich selbst auch zuschiebt. In der folgenden Sitzung sagt Herr F. nicht sehr viel. Er berichtet nur in der Schilderung eines anderen Schicksals als Assoziation, sein Vater habe seinetwegen einen Herzinfarkt bekommen, denn er sei für Ordnung als Soldat und habe sich so über ihn geärgert.... Der paradiesische Zustand erweist sich damit als zumindest vorläufige wenn nicht gar vorschnelle Interpretation. Vielmehr stellt sich die Frage, inwieweit Herr F. nicht das Gefühl hat, seinem Vater nicht genügen zu können. Die Situation stellt sich nun als zweifach bedingt dar: Anspruch und Verwöhnung, Austreibung aus dem Paradies und dennoch seine Erhaltung. Der Vater bekäme die Züge der "bösen Mutter" und damit wäre die typische Spaltungssituation hergestellt. Der Herzinfarkt der „bösen Mutter" könnte dann als die Vernichtung des bösen Anteils, ihre Verursachung durch Herrn F. als Größenphantasie angesehen werden.

Herr F., der zwischenzeitlich als Pflegefall auf der Station geführt wird, drängt schließlich seine ganze Problematik in einen einzigen Satz zusammen: „Das kann ich Ihnen genau sagen: Ob ich lebe oder nicht lebe, das ist mir ganz egal! Ob es so kommt oder so...." Herr F. steht nach der Gruppensitzung auf und ist kaum in der Lage zu gehen. Sein Programm ist klar. Er lebt nicht mehr, er wird gelebt. Die Initiative geht nicht von ihm aus, sondern trägt sein Leben wie etwas, was man eben nicht ändern kann. Es wäre verfehlt, ihm einen Lebenssinn aufdrängen oder einreden zu wollen. Menschen, die mit Herrn F. umgehen, müssen in der Lage sein, zu ertragen, was er sagt. Die Interpretation dieses Schicksals mit Hilfe der Narzissmus- oder einer beliebigen anderen Theorie dient lediglich der Entlastung und Motivierung des Therapeuten. Darin hat sie auch ihren Sinn.

Eine zweite Situation. Herr G. ist ein netter und freundlich wirkender Mann der sich in der Gruppe zu benehmen weiß und ein wenig von den anderen absticht, weil er sich mit Formulierungen einbringen kann. Auch er berichtet über Arbeitslosigkeit, zuviel Zeit, nirgendwo richtig zu Hause sein, keinen echten Partner zu haben usw. Doch schließlich fällt er in den "Wir-Stil". "Das ist doch bei uns allen so. Wir müssten ein Heim haben, wo wir uns wohl fühlen. Das könnte eine Schwester leiten oder irgendjemand, der es versteht, mit uns umzugehen. Das soll kein Schlaraffenland darstellen. Arbeit ist ja gerade notwendig, um die Zeit sinnvoll zu vertreiben. Wir sind eben wie die Kinder, wie heranwachsende Jungs." Die anderen stimmen murmelnd zu. Ich werfe ein: „Da würde dann auch der Alkohol kontrolliert!" „Ach, der Alkohol!" kommt die Antwort, „sicher würde das mal vorkommen. Aber es verlöre doch an Gewicht! Hier trinkt doch auch keiner oder nur selten!"

Was Herr G. ausspricht, dreht im Grunde die therapeutische Situation auf den Kopf: Er wünscht ein pädagogisch ausgerichtetes Klima. Damit versteht er das Problem genauer als viele andere. Therapeutisches Klima ist für viele Menschen in dieser Situation eine Überforderung, zumal Therapien oft in der Hand von Anfängern liegen, während die erfahrenen Therapeuten sie oftmals nur leiten oder supervidieren. Dazu kommt, dass Herr G. mit seiner Phantasie auch einen äußerst wichtigen Gesichtspunkt zum Ausdruck bringt: Hinter der therapeutischen Vorstellung steckt eine hohe Anforderung, die eigentlich den Alkoholiker gar nicht als solchen akzeptiert. Vielmehr wird ihm die Zumutung auferlegt, jetzt und nicht an anderer Stelle oder zu anderen Zeit seine Haltungen und Lebenseinstellungen zu ändern und sie so zu ändern, dass der Therapeut damit zufrieden ist. Akzeptation ist ihm nur sicher, wenn er den Alkohol beherrschen lernt. Ist das etwas anderes als die Situation, die er in seiner Lebenswelt erlebt?

Herr G. fordert mit seiner Phantasie also Anerkennung des Menschen, der Alkoholiker ist und ein darauf beruhendes Verhalten derer, die ihm ihre Hilfe anbieten. Da er selbst seine Abhängigkeit akzeptiert hat, weiß er auch, dass er nur in geschützter Umgebung leben kann, an einem Ort, an dem er jemand findet, wenn er kommt, an dem er jemand verlässt, wenn er geht. Ein Leben ohne Rückfall ist von ihm sicher nicht zu erwarten. Aber wohin treibt ihn ehrgeiziger therapeutischer Anspruch?

Zusammenfassung: Es ist für Menschen, die mit Abhängigen arbeiten wollen, notwendig, sich selbst zu kennen. Dieses Kennen Lernen muss über die therapeutische Technik hinausgehen und die Reflektion dessen, was mit ihr erreicht werden soll, mit einbeziehen. Für Seelsorger stellt die Narzissmustheorie einen verlockenden und verführerischen Einstieg dar.

Gerade deshalb muss die Frage gestellt werden, ob nicht diese Verführung im Bereich der Gegenübertragung anzusetzen ist, sodass der Seelsorger am Ende mit einer Arbeit in den Suchtstationen sein eigenes Problem löst und nicht das seines Gegenübers. Über diese Frage hinaus gewinnt das Stichwort Betreuung wieder einen positiven Sinn, wenn ein Mensch seine Abhängigkeit erkannt hat und nicht von selbst wieder den Weg in eine gesellschaftliche Existenz findet.

Eine neue Erfahrung der Rolle.

Welche „Rolle" spielt eigentlich ein Pastor in der Kirche? Wird an der Art seiner Tätigkeit ein Ziel erkennbar? Diese Fragen haben mich als Krankenhauspastor in einer ganz neuen Weise bewegt. Aus der „Rolle" im psychiatrischen Krankenhaus wurde mir auch die des Gemeindepastors deutlicher. Das Krankenhaus ist eine hierarchisch konstruierte Anstalt. Die Verantwortung endet beim ärztlichen Direktor, sie geht, wenn er sie weitergibt, nur in Form von Delegation an die nächsttiefere Stufe der Abteilungsleiter. Für den Seelsorger und seine Wirkungsmöglichkeiten kommt es darauf an, wie er sich zu der hierarchischen Spitze einstellen kann. Dieser Satz ist nach außen und nach innen wichtig.

Nach außen: In kirchlichen Kreisen tritt immer noch eine Art Erstarrungszustand ein, wenn ein Arzt in Erscheinung tritt oder sich zu irgendetwas äußert. Wenn also der ärztliche Direktor die Arbeit eines Seelsorgers akzeptiert, ist der Kampf um die richtige Richtung hinsichtlich der Kirche beendet. Dadurch findet die Sanktionierung auch abweichender theologischer Ansätze in einer Form statt, wie sie sonst nie möglich wäre. Umgekehrt gilt dasselbe in nicht ganz derselben Konsequenz. Theologisch oder formal richtiger Einsatz eines Pastors, den dieser in den Augen seiner theologischen Kollegen ausübt, führt, wenn der ärztliche Direktor ihn ablehnt, nicht zu einer Versetzung des Pastors, sondern zu einer Neutralisierung der seelsorgerlichen Arbeit im Krankenhaus. Der Direktor eines Krankenhauses kann also viel für die

Arbeitsmöglichkeiten eines Pastors im Krankenhaus tun, nach außen durch Sanktionierung gegenüber den die Institution Kirche vertretenden Personen.

Nach innen ist die Haltung des ärztlichen Direktors für den Start vor allem von Bedeutung. Wenn hier eine neutrale Haltung vorliegt oder gar eine besonders kirchliche im alten Sinne, dann hat sich ein Seelsorger sehr heftig einzusetzen, damit seine Position einigermaßen passabel aussehen kann. Es ist nicht befriedigend, jahrelang in einer Institution, obwohl man in ihr arbeitet, nichts zu sein als ein Gast, dem man nach Möglichkeit keine Türen vor der Nase zuschlägt.

Es zeigt sich bald: Der Platz außerhalb der Hierarchie ist ein für die Hierarchie sehr wertvoller Platz. Von hier aus können Vorstöße gewagt werden, die keinen offiziellen Charakter tragen und deshalb nicht sofort von den Betroffenen als neue Forderung abgewehrt werden. Von hier aus können Diskussionen eingeleitet werden, die sonst innerhalb der Hierarchie zu unerträglichen Spannungen führen, wenn sie von jemand als ‚Gegenposition' zur offiziellen Linie des Hauses eingebracht werden.

Als ich das einmal jemand vortrug, kam die interessierte Rückfrage: „Ist das die Rolle der König und sein Narr"? Ich wehrte diese Interpretation als nicht richtig ab. Aber sie liegt natürlich nahe. Der Narr kann die vom König nicht zu äußernden Dinge, die seinen Stand untergraben würden, frei aussprechen und damit Tabus brechen, die schließlich eine Veränderung bestimmter Denk- und Verhaltensweisen zu Folge haben können. Dennoch ist die Rolle des Narren vom König abhängig, die des Pastors vom Direktor aber nicht.

Bei der Rolle des Seelsorgers in der Institution Krankenhaus geht es um die Frage der Verwendbarkeit und der Kompetenz seiner Diskussionsbeiträge. Wenn man einmal voraussetzt, dass es Großkrankenhäuser in dieser hierarchischen Form nun einmal gibt, und diese Institution überhaupt als ein lohnendes Arbeitsfeld ansieht, dann liegt es im Sinne aller Teile des Krankenhauses, die Position außerhalb der Hierarchie zum Positiven zu nutzen. Sicherlich ist das letzten Endes eine konservative Position.

Ein Pastor hat aber auch die Möglichkeit, selbst die Diskussion auf bestimmte Themen zu lenken. Nicht so sehr durch Gottesdienst oder Veranstaltungen für Patienten, sondern vor allem durch Mitarbeit auf einzelnen Stationen und durch Vorstellung eigener Reflektionen, Fallbesprechungen oder anderer Referate in den Fortbildungsveranstaltungen.

Da gilt es nun wirklich, die eigenen Einsichten ungeschützt preiszugeben, auch wenn sie vom „geballten ärztlichen Sachverstand" schonungslos kritisiert werden.

Ganz abgesehen davon kann natürlich auch eine echte Kongressarbeit außerhalb oder innerhalb des Krankenhauses organisiert werden. Doch dies ist sehr unverbindlich und mehr auf Information als auf Seelsorge ausgerichtet. Die Rolle des Pastors im Krankenhaus kann dadurch vielleicht gefestigt, aber nicht erarbeitet werden.

Gegenüber den anderen ärztlichen und nichtärztlichen Mitarbeitern des Krankenhauses ist die Rolle je nach Station und Bedingungen sehr unterschiedlich zu bewerten. Es gibt Gelegenheiten zur echten Zusammenarbeit in Gruppen, aber auch Absprache über die Therapieziele, die mit einzelnen angestrebt werden. Unumgänglich ist die Zusammenarbeit vor allem dann, wenn ein Patient, was auch vorkommt, dem Seelsorger gegenüber mehr und Wesentlicheres „auspackt" als dem Arzt gegenüber. Das hilft manchmal zu einer ganz neuen Sicht seiner Krankheit.

Doch die Rolle bleibt immer ein wenig ambivalent. Es gibt Ärzte, die den Seelsorger so benutzen, wie man einen Kollegen der eigenen Zunft benutzt: Als eine Art Konsiliarfachmann z.B. für Gespräche. Diese Erfahrung war erstaunlich: Nachdem ich einmal als jemand akzeptiert war, der Gespräche führt, war auch klar, dass diese Gespräche helfen. Sie entspannen Patienten, sie bringen Regelmäßigkeit in das Leben einzelner Patienten, deren Beziehungen zu ihrer Station und zu anderen schwierig sind oder die unter Spannungen unerklärlicher Art leiden. Oft sind die Gespräche ein Ventil für Emotionen und Ängste, deren regelmäßige „Abfuhr" schon etwas nützt. Seelsorger können also die Rolle eines Menschen spielen, der Zeit für Kontakte hat, die „nichts" bringen im Sinne der Therapie. Sie erleichtern aber dennoch manchen Menschen das Leben, auch wenn sie nichts endgültig verbessern, „abstellen" oder verändern. Auch das ist wieder ein „konservativer" Vorgang. Wenn ich mit einem Menschen in der Seelsorge soweit kommen kann, dass er sich ein wenig entspannt, nehme ich ihm nach Meinung vieler Kritiker der Anstalt die Energie zur Veränderung seiner Lage. Ich passe ihn an, helfe ihm, das Schicksal, das ihn traf, zu ertragen. Mehr nicht. Es mag richtig sein: Ich sehe in vielen Fällen keinen anderen Weg. Aber ich halte diesen Weg für besser als den, der nach einigen Versuchen der Therapie mit dieser oder jener Methode den Fall aufgibt, weil er „nicht therapiefähig" ist. Seelsorge ist in diesem Sinne oft eine Art von Sozialpädagogik oder einfach ‚Nachbarschaft'. Vielleicht wäre es besser, manches wirklich pädagogisch oder nachbarschaftlich und weniger therapeutisch aufzubauen.

Eine Ventil-, Beruhigungs-, oder Sozialpädagogen-Funktion oder professionelle Nachbarschaft ist sicher vielen Pastoren zu wenig. Sie ist ja auch nicht alles in der Psychiatrie-Seelsorge. Aber sie ist ein Teil der Rolle.

Andere Teile betreffen den Kontakt nach „außen". Das Krankenhaus hat Kontakte nach außen durch seine Mitarbeiter. Aber diese Kontakte sind die eines „Arbeitsfeldes", eines Arbeitsplatzes. Wenn ein Seelsorger Kontakt nach „außen" sucht, dann unter dem Blickwinkel der Sensibilisierung der Mitmenschen für die "Insassen". Die Seelsorger-Rolle wäre da so etwas wie die eines Vermittlers und Begleiters, wenn Menschen von draußen und drinnen miteinander Erfahrungen machen.

Das ist dieselbe Grundfigur, die auch für Seelsorge allgemein gilt: Begleitung als Rolle des Seelsorgers gegenüber den Patienten. Versteht er sich so, dann kann er nur Partner der Mitarbeiter des Krankenhauses, nur außerhalb manchmal ebenfalls deren Begleiter sein. Das ist das Modell, das in der Psychiatrie-Seelsorge ebenso gilt wie anderswo. Begleiter der zu Betreuenden, Partner der Betreuer.

Damit geschieht gegenüber der Pastorenrolle des Gemeindepastors eine Umorientierung bis zur Unkenntlichkeit. Der Gemeindepastor versteht sich in seinem Amt, das ist mir aus der Distanz immer stärker aufgefallen, als eine Art Funktionär der Institution Kirche. Er sucht sich Mehrheiten in seinem Kirchenvorstand, bringt bestimmte Inhalte mit bestimmten Medien „an den Mann", vollzieht „Amtshandlungen" die nun einmal vollzogen werden müssen und versucht, sich selbst in seinem Amt und damit das Amt der Institution Kirche in irgendeiner Weise plausibel darzustellen. Er möchte möglichst vielen Menschen eine gewisse Zustimmung nahe legen oder doch eine direkte Ablehnung ausreden. Damit gewinnt sein Dasein als Amtsperson den Stil einer dauernden Darstellungsapologie:

„Wir sind alle ganz normale Menschen! Wir legen doch auch keinen was in den Weg! Wir tun niemand etwas!" So könnte die Apologie lauten. Bisweilen besteht diese Apologie sicher auch aus dramatischen Aktionen der Sozialhilfe oder der Seelsorge.

Sie nimmt aber nie den größten Raum ein. Viele Teile der pastoralen Identität werden darüber hinaus noch von Verwaltungsakten, Bauherrendasein und Arbeitgeberproblemen gefüllt. Der Pfarrer in der Gemeinde ist ein Funktionär der Kirche.

Der Seelsorger im Krankenhaus hat mit alledem nichts zu tun - das wäre zu weit gegangen. Aber diese Funktionen und Rollenvorgaben sind minimalisiert. Seelsorge ist im Krankenhaus streng auf den Vorgang des Krankseins bezogen. Die Kirche als Institution hilft dem Menschen im Krankenhaus vielleicht manchmal auch dadurch, dass er ein Buch umsonst bekommt oder auch einmal ein wenig Geld vorgestreckt erhält.

Aber sonst geht es um die Fähigkeit des Seelsorgers, Menschen zu begleiten, sie in den Mittelpunkt zu stellen, ihnen dann aber auch Grenzen zu ziehen, ihnen Mut zur Auseinandersetzung mit sich selbst und mit anderen zu machen. Es ist also mehr der inhaltliche Teil des Pfarrerdaseins, der die Seelsorge im Krankenhaus bestimmt. Das, worüber der Pastor in der Gemeinde auf der Kanzel spricht, ist es, womit der Pfarrer im Krankenhaus handelt. Die Unterschiedlichkeit der Rollenbestimmung lässt sich so zusammenfassen: Der Seelsorger in der Psychiatrie braucht die Institution Kirche. Sonst würde es seine Stelle nicht geben. Aber im Inhalt seiner täglichen Arbeit nützt es ihm nichts, Funktionär dieser Kirche zu sein und ihre Inhalte lehrhaft zu vertreten, wie das der Gemeindepastor mehr oder weniger bei uns immer noch tut. Im Inhalt geht es um die Erprobung dessen, was die Kirche vertritt: die Solidarität mit den Menschen.

Vielleicht kommt es eines Tages soweit, dass auch die Pastoren der Gemeinden die Verwaltung ihren darin geübten Mitchristen überlassen und sich auf Inhalte konzentrieren - nicht auf deren lehrhafte Vertretung, sondern zuallererst auf deren inhaltliche Umsetzung gegenüber ihren Mitmenschen. Der Seelsorger im Krankenhaus ist demnach so etwas wie ein Bild für ein mehr am Inhalt orientiertes Kirchenverständnis.

Nun fragt sich noch, ob die beschriebene Ausrichtung der pastoralen Rolle wirklich konservativ sein muss, d.h. ob sie sich um ihres Rollenspiels willen gar nicht mit der Funktion von Anstalten auseinandersetzen darf. Seelsorge muss sich mit der Anstalt auseinandersetzen. Sie muss das einerseits an jedem einzelnen Fall wieder tun, indem sie versucht, „Wege nach draußen" für den Betroffenen mit zu finden. Sie muss das aber auch im Gesamtfeld der Institutionalisierung von gesellschaftlichen Problemen und deren Behebung tun. Doch stets muss sie dabei ihr Ziel im Auge behalten, Partner zu bleiben und nicht populären Trends zu folgen und so eine noch offenere Gestaltung vieler miteinander konkurrierender Formen der Betreuung von psychisch kranken Menschen zu unterstützen.

Alt - Werden und Sterben

Wachsäle

Der Patient liegt in einem Wachsaal, Er war sonst immer ruhig und wartete, bis ich ihn ansprach. Unsere Kontakte hatten sich auf nicht sehr tiefgehende Unterhaltungen beschränkt. Doch während ich noch überlegte, wer er wohl sei, hatte er schon die Hand gehoben und mir zugewinkt. Das war erstaunlich. Denn zur selben Zeit befanden sich noch eine ganze Menge anderer Menschen im Saal. Patienten und Pfleger. Herr B. liegt schon lange hier und macht stets einen müden Eindruck. Trotzdem hatte er offensichtlich verfolgt, was im Raum vor sich ging.

Als ich zu ihm ans Bett trat, fing er an zu erzählen. Er sagte immer wieder drei Dinge. Er müsse wohl ewig leben, denn alle anderen seien ja schon tot. Er habe sich immer zur Kirche gehalten. Und schließlich: Ob Gott ihm nicht helfen könne. Ich dachte darüber nach, was er wohl mit dem Helfen meinte, und fragte, ob er nicht mehr leben wolle. Das verneinte er mit der erneuten Feststellung, er müsse ja wohl ewig leben. Doch dann fügte er hinzu: „Das ist mein Lebenslauf." Daraus schloss ich nun, dass er doch den bevorstehenden Tod meinte, sich aber noch nicht ganz schlüssig war, ob er es aussprechen sollte oder konnte.

Als wir uns eine Weile unterhalten hatten, beugte er sich vor, sah mich genau an und fragte: „Bist du Gottes Sohn?" Irgendwie war dann das Gespräch abgeschlossen. Herr B. verabschiedete sich nach einigen weiteren Wortwechseln sehr freundlich und dankbar. Aus dem Gespräch hatte er dazu eigentlich keinen Anlass gehabt.

So war es wohl eine der Situationen, in denen durch „Dabei – Sein", durch Kontakt, durch Aufmerksamkeit mehr erreicht wird, als der Besucher glaubt. Vor allem ist ein schon länger bestehender Kontakt eine gute Basis, in der der Seelsorger oder der Arzt oder wer immer mit dem "Patienten" zu tun hat, sich als Partner "vorstellen" kann. Es bleibt dann nämlich dem "Patienten" überlassen, den auszusuchen, den er für das, was er sagen will, als geeignet erachtet. Will er übers Sterben reden, wäre es sicher falsch, viel Aktivität zu entfalten, um ihm „das Sterben beizubringen". Er stellt seine Fragen und trifft seine Feststellungen schon zur rechten Zeit. Die Frage ist nur, ob er dann gehört wird.

Besuch bei alten Menschen ist eine Frage des „Hörens". Was mich besonders bei Herrn B. beeindruckt hat, das war seine Ruhe trotz äußerer Umstände, die für viele als erschreckend gelten. Sollte es doch so sein, dass ein großer Wachsaal schon für sich genommen das Gefühl gibt, nicht allein zu sein, teil am Leben zu nehmen und sich selbst als jemand betrachten zu können, der seine letzten Aufgaben unter Lebenden vornimmt?

In einem kahlen Einzelzimmer hätte ich mir Herrn B. nicht vorstellen können, und wir hätten auch nicht dieses von ihm ausgehende Gespräch geführt.

Auf der Gerontopsychiatrie gibt es neben sehr eindrucksvollen schwierigen Erlebnissen auch sehr lustige. So lebt auf einer Station eine alte Dame, die sich immer sehr gut aus der Affäre zu ziehen weiß, obwohl sie nicht in der Lage ist, Zeit und Ort oder auch Personen zu identifizieren. Bei "Vorführungen" ist sie das eindrucksvollste Beispiel für gerontopsychiatrische Realitäten.

Bei einem Besuch kam Frau Meier, wie ich sie der Einfachheit halber nenne, mit einer Mitpatientin den Flut entlang, strahlte mich an und sagte: „Guten Tag, Sie lachen immer so nett!"

"Guten Tag, Frau Meier, wissen Sie noch, wer ich bin?" "Ja, ja", antwortete sie, "Sie sind der Kassierer. Sie kommen doch schon jahrelang!" Ich fragte weiter, wohin sie denn unterwegs sei. Frau Meier deutete an, dass sie mit der Bahn wegfahren wolle. Sie suche jetzt den Bahnhof. Wir schauten uns gemeinsam um, wo denn der Bahnhof liege. Schließlich kam mir in den Sinn, man könne ruhig auf einer Station mal einen kleinen Scherz machen. Ich zeigte ihr die Tür zum Dienstzimmer, in dem gerade die Schwestern Kaffee tranken. „Gehen Sie mal in dieses Zimmer. Fragen Sie doch, ob Sie dort eine Fahrkarte bekommen."

Frau Meier, sonst nicht sehr gut orientiert, ging in der Tat in das Dienstzimmer und fragte die dort zusammen sitzenden Schwestern, ob hier der Bahnhof sei. Sie verlangte eine Fahrkarte, allerdings ohne eine genaue Richtung oder gar einen Zielbahnhof angeben zu können. Schließlich, als sie nicht nachgeben wollte, holte ich sie wieder auf den Flur. Ich versprach ihr, dass wir beide den Bahnhof schon finden würden.

Dann gingen wir den ganzen Stationsflur ab. Der

Bahnhof aber war nicht zu finden. Schließlich verabschiedete sich Frau Meier sehr freundlich. Es sei sehr nett, dass ich soviel Zeit gehabt habe. Sie werde nun die „Straße" wieder hinuntergehen und da noch nachschauen.

Die Pflege von psychisch kranken alten Menschen ist eine aufreibende Sache. Doch glaube ich, nach langer „Beobachtung" sagen zu können, dass die „Zustände", oder wie man immer so etwas nennen mag, lange nicht so schrecklich sind, wie sie in der Presse meist geschildert werden. Die gespannte Beziehung der Öffentlichkeit zu Einrichtungen der Altenpflege rührt nicht davon her, dass alle Menschen mehr oder weniger reale Erfahrungen mit solchen Einrichtungen haben. Sie ist eher dadurch zu erklären, dass die Einrichtungen Brennpunkte der Spannungen darstellen, die hinsichtlich der Auseinandersetzung mit dem Altern und vor allem mit auffälligen psychischen Alterserscheinungen entstehen. Sie werden aber nicht am "Objekt", das sie hervorruft, sondern an der Einrichtung, der der alte Mensch anvertraut wird, festgemacht. Deshalb werden Einrichtungen kritisiert, weil sie den Erwartungen nicht entsprechen können, das Problem einfach zu beseitigen.

Wahrscheinlich stellen sich viele Menschen, vor allem auch alte Menschen, eine Altenstation in der Psychiatrie als ganz besonders schlimm vor. Aus manchen Äußerungen von Betroffenen wird das erschreckend deutlich. Sie sagen, dass ihnen das nun auch noch passieren müsse, in eine Anstalt zu gehen, das hätten sie nie gedacht. Aber wer längere Zeit auf einer solchen Station lebt, gewöhnt sich auch irgendwann einmal ein.

Viele scheinen ohnehin im Laufe der Zeit gar nicht mehr wahrnehmen zu können, wo sie sind. Da ist Herr B., der noch sehr gewandte Umgangsformen hat und auch Besucher, die häufiger kommen, wiedererkennt. Komme ich aber mit ihm ins Gespräch, vertraut er mir bald an, er wisse gar nicht, warum seine Frau nicht komme. Sie müsse ihn doch schließlich mal besuchen. Seine Frau ist schon seit Jahren tot. Doch die Information erreicht ihn nicht mehr. Er denkt auch nach einer Weile nicht mehr daran und plaudert irgendetwas anderes mit seinem Nachbarn oder auch mit mir.

Was Außenstehenden als "Fall einer schweren Alterskrankheit" erscheint, was Angehörigen sehr schmerzlich sein muss, weil sie - auch sie - ihren Bruder, Vater, Großvater, Freund oder wen immer nicht mehr erreichen können, das zeigt bei näherem Kennenlernen ein menschliches Gesicht.

Es gibt Menschen - jeder kann ein solcher werden -, die auf körperliche Umsorgung und Versorgung angewiesen sind, welche eine Familie kaum leisten kann. Sie reagieren ähnlich wie ganz kleine Kinder - vor allem auf die Gesichter, die sie sehen. Werden sie angelacht, lachen sie wieder. Die Männer scheinen alte Affekte wie Wut oder Ärger in verstärktem Maße zu behalten, während Frauen insgesamt doch etwas mehr die Form zu wahren wissen. Ob die Veränderung der Geschlechterrollen in der Zukunft, wenn die emanzipierten Frauen alt werden, daran etwas ändern wird, kann man mit Spannung erwarten.

Die Gruppe der über 65 jährigen steigt in unserer Gesellschaft prozentual weiter an. Die psychischen Krankheiten des Alters werden sicher damit auch einen größeren Anteil in der Psychiatrie ausmachen. Dadurch bekommt die "Psychiatrie" eine neue Einfärbung. Soll man bei alten Menschen, die oft jahrelang in der Psychiatrie leben, auch von „Resozialisierung" sprechen?

Was hieße dann Resozialisierung? Mir scheint, dass neben der fachärztlichen Hilfe gerade hier Menschen nötig sind, die bereit sind, für "Augenblicke" zur Verfügung zu stehen. Menschen, die ertragen können, dass sie vielleicht beim nächsten Besuch schon wieder vergessen sind. Auch Menschen, die den Pflegern und Schwestern das Gefühl vermitteln, dass sie nicht ganz alleine die Bürde dieser langen Aufenthalte tragen müssen. Es kommt auf die Mitmenschen an.

Zu Gast unter Ausländern

Ich bin auf Station 1o2 g. Ein ehemaliger Lehrer ist gerade eingeliefert worden. Er erzählt jedem, besonders aber dem Pastor, er sei hier zu Gast und unter Ausländern - seine Art von „Verrücktsein". Wer unter Ausländern lebt, muss besonderen Wert auf die Sprache legen.

So berichtet Herr U. im ausführlichen Gespräch dem zunehmend gelangweilt oder aggressiv reagierenden Gesprächspartner, wie schwierig es sei, immer "das Wort" richtig zu verstehen. Sonst entstünden laufend Missverständnisse. Zur Verwirrung erwartet er seinen Vater, der aus der Kriegsgefangenschaft heimkehren soll.

Gleichzeitig denkt er an seine Lehrtätigkeit, in der es auch auf die Bedeutung des Wortes ankam.

Was „das Wort" bedeutet, das ist in jedem Falle missverständlich. Wer kann einen Menschen akzeptieren oder auch nur aushalten, der ihm das täglich zwanzigmal erzählt? Aber was will er sagen? Die Elemente des 'Fremdseins' und des 'Wartens' könnten darauf hindeuten, dass er vielleicht ein „Wort" meint, das mit dem Sterben zusammenhängt. Dieses Wort kann er nicht loswerden, weil es dauernd zu Missverständnissen führt.

Ob U. so interpretiert werden kann, oder ob es sich um eine schlichte „Verwirrung" handelt, wird sich nicht so leicht klären lassen, zumal bestimmte handfeste Verwirrheitssymptome bei Herrn U. nachweisbar sind.

Wer hat soviel Geduld und auch Zeit, soviel innere Stärke, sich in den Patienten U. einzufühlen und ihn ernsthaft zu begleiten? Fünfunddreißig andere Menschen sitzen mit ihm im Tagesraum. Manchmal gehen sie draußen spazieren.

Während des Gesprächs kommt Herr D. vorbei, er bleibt stehen und brabbelt mit fast zahnlosem Mund einen Schwall von Worten heraus. Da ist Lehrer U. ganz der Alte. Er versteht D., klopft ihm beruhigend und väterlich auf die Schulter.

D. gibt sich bald zufrieden und geht brabbelnd weiter. Herr D. ist Langzeitpatient und er ist hier zu Hause. Aber auch Patient D. und U. werden, wie vielleicht viele andere, die Station lebend nicht mehr verlassen.

Auf der anderen Seite des Saales scheucht Herr M. den wackeligen Mitpatienten W. zum fünften Mal innerhalb einer Viertelstunde vom Stuhl: „Geh da weg, das ist mein Platz". M. droht wütend mit der Faust und verschwindet. W. setzt sich auch zum sechsten Male wieder auf denselben Stuhl, bis M. erneut auf ihn losgeht.

Im "Wachabteil" treffe ich A., der wieder und wieder darlegt, er habe die 5o Mark wirklich für eine geringe Leistung bekommen und zuerst den dabeistehenden Pfleger, später auch mich auffordert, ihn für 5o Mark nach Hause zu fahren. Das sei doch ein Geschäft.

Im Bett liegt Herr X., die Gliedmaßen fast unbeweglich von sich gestreckt. Auf Anreden reagiert er nicht. Beim Berühren rollen seine Augen hinter den Lidern.

Die Zeit vor dem Tod in Wochen, oft auch in Monaten, manchmal gar in Jahren in der Gerontopsychiatrie zu verbringen, betrifft etwa ein bis zwei Prozent von uns. Es ist ein typisches, fast „repräsentatives" Sterben. Sie werden gepflegt, so gut es geht. Sie schlafen viel, dösen tagsüber vor sich hin. Die einzigen Jüngeren unter ihnen sind die Schwestern und Pfleger.

Die Zeit schleicht dahin. Wer nach Wochen wiederkommt, trifft sie auf demselben Stuhl an, wechselt dieselben Worte, hört dieselben Hilferufe oder schaut machtlos in dieselben resignierenden Gesichtszüge. Kaum einer liest, malt oder unterhält sich. Das haben sie im Laufe des Lebens nicht gelernt.

Die meiste Zeit des Tages sind die Pfleger allein mit

den alten Männern. Therapeuten oder Psychologen sehen hier wenige Möglichkeiten. Schließlich ist es keine vorzeigbare Leistung, eine Stunde in der Runde von alten Männern gesessen und geschwiegen zu haben.

Trostpreise – Musik auf der Frauenstation

Wer erlebt, wie sich in zehn Gesprächen trotz Empathie, Verbalisierung von Gefühlen, Vorschlägen zur Aktivierung kein Jota ändert, wird leicht an den eigenen therapeutischen Fähigkeiten irre. Die Ärzte kommen zur Visite, Sozialarbeiter, falls es doch nochmals um Heimverlegung gehen sollte.

Bleibt der Seelsorger, der sich je nach Temperament und Vorbildung auf Höflichkeitsbesuche oder Andachten beschränkt, im übrigen aber auch für das Trauma des gekränkten Therapeutenstolzes anfälliger wird, je anspruchsvoller und therapeutischer er die Seelsorge versteht.

Also eine „aussichtslose", weil nicht vorzeigbare Aufgabe, als Seelsorger dort tätig zu werden? Ist das der Sinn unseres „Auftrages"? Vielleicht ist es nur die Sorge vor der Frage: „Und das soll Seelsorge sein?", die uns Theologen vor einfacher Mitmenschlichkeit zurückschrecken lässt.

Seelsorge in der Gerontopsychiatrie geht jede Woche wieder so an: Zehn alte Männer besuchen zusammen mit dem Pfleger und mir, dem Krankenhausseelsorger, die Frauenstation, um dort zusammen mit einem Psychologen und den alten Damen Gemeinschaft zu pflegen.

Es ist Mittwoch - auf der Männerstation gibt es Bewegung. Ein Pfleger holt sich Männer zusammen. Trotz oder wegen seiner Jugend fällt er immer wieder in den „na - Opa – Ton". Er bekleidet all „seine Opas" manierlich mit einem Sakko und trifft Vorbereitungen zum Losgehen. Die Tür ist schon offen, da fängt W.'s Hose an zu tropfen. Ganze Abteilung zurück! Lehrer U., der vorausgeeilt ist, muss zurückgeholt werden.

Nachdem das Malheur beseitigt ist, geht der Spaziergang endgültig vonstatten. Nach hundert Metern haben die alten Herren sich schon zu einer langen Kette auseinander gezogen.

Der Pfleger aber weiß, dass er nur solche ausgesucht hat, die nicht „flüchten" oder „schlapp machen". Er geht seelenruhig voraus auf die Station der Frauen.

Dort werden wir mit freundlichen Gesichtern begrüßt. Nachdem jeder seinen Platz gefunden hat, stellen sich zur Auffrischung des Gedächtnisses alle noch einmal vor. Manche kennen sich schon genauer. Mit den Klängen der Gitarre eines jüngeren Patienten und Orff-Instrumenten gelingt es, ein paar lustige Lieder zu singen. Die Männer klappern etwas verschämt und schwerfällig, aber sie schweigen. Den Frauen merkt man an, dass sie schon häufiger in ihrem Leben gesungen haben. Frau A. kann von Erlebnissen in einem Kirchchor berichten - aber das ist lange her.

Der nun ebenfalls erschienene Psychologe packt dann ein Spiel aus - Ringe werfen, Kegeln oder gezieltes Ballkullern? Das Zeremoniell ist bekannt. Einer nach dem anderen wird aufgerufen, jeder hat zwei Versuche. Gibt es am Ende gleiche Punktzahl, kommt es zum ‚Stechen'. Im Nu ist die Stunde um. Mit dem Trostpreis in der Hand oder im Mund, machen sich die Männer auf den Heimweg.

Doch die alten Damen sind immer noch bewegt von dem Besuch. „Wenn sie auch alt sind und nicht viel reden, es sind halt Männer", seufzt Frau K. vor sich hin und schleppt sich auf zwei Stöcken zu ihren Platz. Die Frauen zeigen sich beredter als die Männer. Sie klagen über ihr Schicksal, mit tausend Kalorien satt werden zu sollen. Frau Dr. M. weiß von einem Arzt zu berichten, der ihr gesagt hat, sie könne essen soviel sie wolle. Sie sei schließlich alt und brauche nicht schlank zu sein.

Und dann wird von "alten Zeiten" geschwärmt: Von der Stations-Schwester, die vor einem Jahre in ein anderes Krankenhaus ging. Sie habe es verstanden, Süßigkeiten, Kuchen, Joghurt - eben alles, was schmeckt - so auf die Woche zu verteilen, dass man immer das Gefühl hatte, etwa Besonderes zu bekommen – materialisierte Zuwendung! Als das wegen "Überernährung" abgeschafft wurde, gab es eine kleine Stationsrevolte. Mit Frau Dr. M. an der Spitze erwartete eine Delegation den Chefarzt und beklagte sich über den „tortenlosen" Zustand. Als Kompromiss konnte die „Sonnabend-Nachmittag-Sahne-Torte" gerettet werden.

Dann aber ist der Erzählstoff doch beendet, und ein ernsteres Thema liegt auf dem Tisch. Alle fühlen sich eingesperrt. „Wir kommen hier nicht mehr raus!" erklärt Frau K. unter dem Nicken der anderen. Das sagt sie täglich mehrmals.

Frau S. springt plötzlich auf: „Die Wäsche ist schon da! Ich muss sortieren, dann muss ich kochen". „Setz dich hin", schreit eine kleine „Schwachsinnige", von denen es auf jeder Station einige gibt, „du sollst nicht immer ‚rumlaufen, die Putzfrau schimpft." „Setz dich!" stimmen die anderen ein. Frau S. setzt sich willenlos in eine Stuhl und murmelt: „Die Wäsche..."

Weiter hinten auf dem Stationsflur sitzen bleiche Frauen „fixiert". Könnten sie hingehen, wohin sie wollten, sie würden stürzen und sich die Knochen brechen, meistens der Anfang vom Ende. Eine der Frauen ruft mich und sagt, sie möchte so gerne ein Einzelzimmer haben.

Schließlich gehe ich noch in das Zimmer von Frau B. Sie liegt wie immer reglos. Ich bemühe mich, Kontakt zu bekommen. Frau B. sagt wie so häufig nichts. Aber auf die Frage: „Wie geht's?" antwortet sie auch diesmal laut und deutlich: „Danke gut!"

Die Schwester, die gerade hier zu tun hat, bemerkt sicher zum zwanzigsten Male staunend: „Die mag wohl Männer lieber! Bei uns sagt sie nie was!"

Übrigens: Der Psychologe war nach zwei ‚Sitzungen' dann doch zu sehr mit anderem beschäftigt und konnte nicht mehr teilnehmen.

Begegnungen „der anderen Art"

Wir saßen mitten im Saal. Um uns herum ein Zwischending zwischen peinlichem Schweigen und versuchter Gleichgültigkeit. Meine Tischnachbarin stammelte - unterbrochen nur von ihrem eigenen lauten, eintönigen Lachen - unverständliche Worte vor sich hin. Wir fühlten uns beobachtet. Dass ich mir vorher eine solche mögliche Situation ausgemalt hatte, half mir, sie leichter auszuhalten. Als wir angekommen waren, fanden wir alle Tische bereits besetzt. Jedenfalls wurden freie Stühle für andere als uns bereitgehalten. Bisweilen hörte ich aufgeregtes Tuscheln.

Als der Nachmittag beendet war, kamen die Veranstalter und sagten, wir sollten uns darüber unterhalten, ob das einfach so gehe. Sie fürchteten, wir könnten den Altentreff sprengen. Am Ende dieses Nachmittags teilte ich die Befürchtung. So kam es, dass die Veranstalter des Altentreffs für uns eine eigene Veranstaltung machten.

Wir: das waren sechs weibliche Patienten aus der Alters- Psychiatrie und der dazugehörige Pastor. Wir wollten uns einfach wie Bürger der Gemeinde verhalten und zu öffentlich angebotenen Terminen des Altentreffs gehen, wie andere das auch tun. Von selbst hatten die Frauen aus der Gerontopsychiatrie den Weg dahin natürlich nicht gefunden. Ein kleiner Anstoß von Betreuer-, in diesem Fall Pastorenseite, war schon nötig. Das Krankenhaus stellte den Betriebsbus zur Verfügung.

Die Grenze einfach überspringen - das war das Motiv. Warum erst einen Verein gründen, der sich statt mit Kleingärten, Kaninchen, Fußball oder Briefmarken mit "psychisch Kranken" beschäftigt? So bliebe Ausgrenzung erhalten und Eingliederung wäre nur ein Sonderbereich der Ausgliederung. Außerdem gibt es in unserem Krankenhaus ja die Pfarrstelle wie an anderen Anstalten auch, deren Inhaber Raum und Zeit hat, sich mit solchen Dingen zu beschäftigen.

Doch nun zeigte sich die Wirklichkeit als widerständig. War das ein zu hohes Ziel, einfach als Mensch unter Menschen zu gehen, sich zu verhalten, als gäbe es überhaupt keine Grenzen? Ich konnte es den Frauen auf der Heimfahrt ansehen: Sie waren voll Spannung. War auch für sie das Tun – Als - Ob eine zu große Aufgabe?

Das Tun - Als - Ob ging schief. Der Sprung über die Grenze aber hatte sich gelohnt. Wenn schon der Altentreff eine eigene Veranstaltung für die Patienten der Psychiatrie macht, so kommt doch der eine oder andere Teilnehmer des „richtigen" Altenklubs auch dazu. In kurzer Zeit wuchs der Teilnehmerkreis so stark an, dass die Menschen kaum noch unterzubringen waren. Für viele ist der Termin lange Zeit vorher und nachher ein Fixpunkt, von dem her und auf den hin sie leben. „Wann sind wir wieder eingeladen?" heißt die Frage vorher und „Es war sehr schön!" die stets ungefragte Auskunft hinterher.

Sobald jemand eine Bemerkung über den nächsten Termin fallen lässt, geht die Mitteilung wie ein Lauffeuer über die Stationen. Eine spezielle Benachrichtigung ist überflüssig.

Diese Konstellation macht deutlich, was das Ausgeschlossen - Sein, die Grenze, konkret bedeutet. Wer meint, Langzeitpatienten der Psychiatrie seien durch die Möglichkeit, sich zum Einkaufen und Spazierengehen unter die anderen zu mischen, bereits integriert, kann sich durch solche Vorgänge belehren lassen. Ausgeschlossen sein heißt, wenn jemand nicht einfach irgendwo hingehen kann, um dabeizusitzen oder mitzumachen, sich mitzuteilen oder zu beobachten.

Die Grenze ist in beiden: Die einen können nicht gehen, die anderen nicht aufnehmen. Jede Gruppe definiert sich aus denen, die dazugehören und aus denen, die nicht dazugehören. Wenn mit einem Male die, die nicht dazugehören, hereinkommen, drohen beide ihr Selbstverständnis zu verlieren. Also muss der Einzug derer, die nicht dazugehören, gründlich vorbereitet werden. Das lässt vielleicht eine Verschiebung der Grenze zu.

Die Veranstalter des Altentreffs setzten sich nun mit dem Krankenhauspfarramt zusammen. Die Frage nach der Grenze war gestellt. Alle waren sich einig, es sollte keine Vereins- und Betreuermentalität ausgebreitet werden, soweit sich das nur vermeiden ließe. Daraus ergab sich das Modell der Gegenseitigkeit. Beide Seiten sollten einladen, beide sollten Betreuer und Betreute sein. Das ließ sich machen. Der Einladung in den Altentreff folgte ab und zu eine Gegeneinladung ins Krankenhaus. Es erwies sich als gut, die gegenseitigen Kaffeetafelbesuche nicht mit Ansprüchen zu überladen. Also wurde niemand in Gesprächsführung ausgebildet. Entstehende Einzelbeziehungen sollten nicht gemacht, sondern den üblichen und normalen Entstehungsbedingungen überlassen bleiben.

Ein wenig Beklemmung kam immer wieder bei den "Gesunden" auf: Verhalten wir uns richtig? Was dürfen wir sagen, was nicht? Bei den ersten Treffen wurden Tische so angeordnet, dass eine beabsichtigte

Mischung möglich war. Die "Gesunden" berichten, nach den ersten Treffen seien sie sehr angestrengt nach Hause gegangen, hätten sich dieses und jenes noch lange durch den Kopf gehen lassen.

Bei soviel emotionalem und gedanklichem Aufwand fragt sich nun, was da eigentlich nach drei Jahren konkret geschieht, wenn beide Seiten sich treffen. Äußerlich ist es immer dasselbe: Kaffee trinken, Kuchen essen, danach singen und spielen. Manchmal wird ein Gedicht vorgetragen. Anfangs gab es bei den Spielen immer Preise. Heute ist das keinem mehr so wichtig, weder denen, die die Bonbons mitbringen, noch denen, die sie bekommen sollen.

Fragen wie: Was unterscheidet dich von jener, die nun schon so viele Jahre in der psychiatrischen Klinik lebt? Feststellungen wie: Mit den meisten kann man ja ganz normal reden. Bei manchen stellte sich dann ein Betreuereffekt ein. Bisweilen berichtet die Lokalzeitung mehr oder weniger ausführlich über die Zusammenkunft.

Noch etwas hat sich ganz nebenbei eingespielt: Wenn die Treffen im Krankenhaus stattfinden, sind die Patienten für Kaffeekochen, Tischdecken und Abwaschen verantwortlich. Normalität hat sich eingestellt. Das Erscheinen der einen verursacht bei den anderen keine große Aufregung mehr. Der Eindruck von Grenze verwischt sich. Es ist jetzt wie beim „richtigen" Altenkreis: Den einen kennt man besser, den anderen nur flüchtig. Der Drang, zu betreuen, ist zurückentwickelt auf das jeweils angemessene Verhalten.

Der Versuch, den anderen anders zu machen, unterbleibt immer häufiger. Es lässt sich unterscheiden, wer eher wie ein Kind behandelt und damit echt betreut werden muss, und wem durchaus eigenes angemessenes Verhalten zuzumuten ist. Die Gesichter gewinnen Profil: Aus „den psychisch Kranken" werden Frau Schmidt und Herr Meyer.

Die einkehrende Normalität erscheint als erreichbares Ziel bei dem Versuch, Langzeitpatienten aus der Psychiatrie und die sie umgebende Umwelt einander wieder näher zu bringen. Zur Schaffung von Wegen zu diesem Ziel muss irgendjemand die Grenze einfach überspringen. Der Anfang muss von "Betreuern" ausgehen, die bereit sind, weitgehend auf Betreuung zu verzichten, wenn der Start erst einmal geschafft ist.

Die Moral: Gesunde sollten Kranken Gelegenheiten verschaffen, sich ganz alltäglich zu fühlen. Der Stress des „guten Menschen", der andere „arme Kreaturen betreuen muss", fällt dann ebenso ab wie der Stress, sich auch nun ganz gewiss überall als "arme Kreatur" präsentieren zu müssen. Auch psychisch kranke alte Menschen werden reicher durch Begegnung und nicht durch veranstaltete Hilfe.

Muss ich sterben?

So geht der Alltag auf der Gerontopsychiatrie seinen Gang: Sitzen, essen, wieder sitzen, Schlafengehen, aufstehen; oder liegen, liegen, liegen, bis der Tod eines Tages kommt. Früh am Morgen meistens, wenn die Nachtwache alleine ist und vielleicht mit etwas Beklemmung schon nächtelang auf den "Ex" gewartet hat.

Etwas aufregender geht es auf der Aufnahmestation zu. Dort kommen viele zum Sterben hin. Sie sterben, lange bevor sie in das gerontopsychiatrische Alltagsleben eingegliedert sind.

Dort sind die Frauen aufgeregt und depressiv; die Stimmen sagen ihnen, sie müssten an Gift sterben; in steter Angst, bestohlen zu werden, drücken sie ihre Handtasche fest an sich.

Auch hier gibt es für Therapeuten offenbar kein Arbeitsfeld. Die Ängste scheinen nicht mehr therapierbar, die Depression zu tief. Sind es Todesängste, die andere nicht hören wollen in ihrer Monotonie? Sie gehen unter die Haut, die Ängste. Sie sind verständlich, wenn jemand sich bemüht, sie kennen zu lernen.

Am Ende dann immer das gleiche Bild: Die Ängste sind weg oder werden ganz konkret. „Muss ich sterben?", „ich glaube, ich werde geholt". Fieber setzt ein, Sauerstoff, Dauerpflege, Abklatschen, Schmerzmittel, Tropf. Manche Schwester streicht der Sterbenden übers Haar und über die Wangen, andere halten sich lieber fern.

Dann kommt die Frage, ob der oder die Patientin zu Recht oder aus Nachlässigkeit gestorben ist, eine Obduktion wird vom Vormund verlangt, wenn kein Angehöriger da ist. Fern oder näher Verwandte holen Sachen ab - manchmal auch eine halbe Seife. Dann wird der Leichnam überführt - 5o oder 1oo Kilometer weit.

Der Tod in der Psychiatrie ist weit abgeschoben. Dass die Menschen an Unfällen, Krebs, Herzinfarkt sterben, das ist einleuchtend. Aber Gefühle, Verwirrungen, Depressionen, Ängste ohne ein nachweisbares Leiden, das ist dieser Gesellschaft zu viel, die auf klinische Reinheit und emotionslose Fassaden achtet. Lassen sich alte Menschen nicht hinter diesen Fassaden - Altenheim oder Akutkrankenhaus – verstecken, müssen sie ganz aus der Gesellschaft entfernt werden. Ihre Emotionen könnten eigene Ängste wachrufen oder therapeutische Fähigkeiten durchkreuzen, weil sie sich meist nicht ändern lassen und deshalb einfach ausgehalten werden müssen. Aber mit dem Abschieben wird auch manche Möglichkeit psychischen Wachsens einfach zunichte.

Mit dem Tod in der Psychiatrie hat sich noch nicht einmal die "Thanatologie" - die Lehre vom Sterben - beschäftigt. Das Alleinsein dieser Menschen in einer Institution zeigt aber, wie unzugänglich und verständlich zugleich Todesängste, -verwirrungen oder -Depressionen sind. Sie greifen die Illusion von der therapeutischen All-Macht unserer Kenntnisse an. Zugleich fragen sie nach dem Vermögen, standzuhalten und zu ertragen, was auch auf den zweiten Blick noch manchmal sinnlos scheint.

Die anhaltende öffentliche und wissenschaftliche Diskussion über das Sterben versuchte, auch dieses letzte Reservat des Menschen psychologisch durchschaubar zu machen. Der „Ablauf" des „Sterbeprozesses", das Verständnis für Bedürfnisse Sterbender, die angemessene Reaktion darauf, die, wenn möglich, dem psychotherapeutischen Vorgehen folgen sollte, legt das Sterben immer mehr in die Hände von Fachleuten. Dass zum Sterbenden auch ein Leben – sein/ihr Leben - gehört, schien nahe zu vergessen. Ist

„Sterben Können" nicht eine Frucht des „Leben - Könnens"? Und umgekehrt: Wenn das einzige, das unumgänglich alle Menschen betrifft, in die Hand von therapeutisch vorgebildeten Fachleuten überzugehen droht, wirft das Fragen auf, die das Leben betreffen, die auch schon durch die soziologischen Untersuchungen über das Sterben in Institutionen gestellt werden. Was ist eigentlich das Leben, das in Heimen, Krankenhäusern oder im Hospiz endet? Diese Fragestellung wird am „Miterleben" im psychiatrischen Krankenhaus immer wieder in aller Dringlichkeit gestellt.

Wer registriert sie schon, die Menschen, die nach einem Leben im psychiatrischen Krankenhaus sterben? Sicher, sie werden beerdigt wie andere, sie existieren in Behördenlisten wie andere, sie hatten ihr Leben lang genug zu essen und oft auch einen ganz bestimmten unverwechselbaren Platz.

Auffallend waren sie meist durch irgendwelche Kuriositäten oder Besonderheiten in ihrem Verhalten. Dieses Stück bleibt bisweilen der letzte Rest ihrer Identität, ihrer menschlichen Unverwechselbarkeit. Sie erinnert an die Psalmworte, die bei anderen Menschen oft gesagt, aber doch immer interpretiert werden müssen, um sie wirklich zu verstehen.

„Siehe, meine Tage sind eine Hand breit bei dir, und mein Leben ist wie nichts vor dir."

Normalerweise muss man lange reden, um angeblich verschiedene Maßstäbe von Gott und Mensch in solchen Worten zu erkennen.

Bei den Menschen, die ihr Leben in einem psychiatrischen Krankenhaus zugebracht haben, erschließt sich dieses Lebensgefühl wie von selbst. Doch die Gedanken darüber beginnen oft erst nach ihrem Tode, wenn bei der Beerdigung eine Art Bilanz gezogen werden soll. Da fällt alles ab, was Menschen versuchen, um dem „wie nichts" zu entgehen. Die beiden Menschen, deren Leben ich schildern möchte, lassen alle Illusionen über „das Leben" verblassen und helfen vielleicht auch zu neuen Überlegungen über das Sterben.

Emil

Er ist 88 Jahre alt geworden, doch wer ist er gewesen?

Von den 88 Jahren seines Lebens hat er 47 im Landeskrankenhaus gelebt. 1936 wurde er dort eingeliefert. Man sagte damals - im „Dritten Reich" - wegen unheilbarer Geisteskrankheit. Vielleicht ist ihm Schlimmeres erspart gehlieben, weil er sich im Krankenhaus als guter Arbeiter erwies. Er war landwirtschaftlicher Gehilfe gewesen, bevor er ins Krankenhaus kam.

Ein schwerwiegendes Erlebnis scheint für ihn der Erste Welt-Krieg gewesen zu sein. Als der zu Ende war, kam er offenbar verwandelt zurück. Vorher soll er ein fröhlicher und lustiger junger Mann gewesen sein. Danach war er so, wie er bis zuletzt blieb.

Ich kannte ihn mittlerweile über sechs Jahre. Seither haben wir uns oft die Hand gedrückt, aber eigentlich kein richtiges Wort gewechselt. Er lächelte, vor allem in letzter Zeit, immer, wenn ich ihn ansprach, sagte aber nichts. So kennen ihn alle und so wird er auch über die ganze Krankenhauszeit hinweg beschrieben. Seit über zehn Jahren hat er ständig ganz allein Wege gefegt und sich vorwiegend, wenn er nur konnte, draußen aufgehalten. In den letzten 2 Jahren allerdings blieb er auf der Station. Die Höhepunkte seines Lebens waren nach den Krankenhausberichten zwei:

Einmal verweigerte er die Arbeit gründlich und lange und wollte entlassen werden. Ein anderes Mal wurde er bei einem Unfall mit dem Pferdetankwagen, den er selber lenkte, verletzt.

Wie gesagt: Er arbeitete und schwieg, das war sein Leben. Seine Tätigkeiten spielten sich in der Landwirtschaft, im Kuh- und Pferdestall ab. Und besonders eindrücklich war für die, die mit ihm lebten, seine Zeit als Kutscher des Tankwagens. Besonders interessant war für mich der Bericht über seinen „Genossen" in jener Zeit: Auch er schwieg. So saßen sie nebeneinander und schwiegen.

Als die Landwirtschaft im Krankenhaus aufgelöst wurde, ging er zur Arbeitstherapie und macht Botengänge.

Irgendwie scheint in den letzten Jahren seine Geschichte einen versöhnlichen Schluss zu bekommen: Er wirkte wie ein Stück des Krankenhauses. Ich könnte auch sagen: Er schien mit seiner Lage im Reinen. Er hat keine Angehörigen. Die sind wir.

So einfach ist sein Leben erzählt. So weit in der Ferne liegen seine Hoffnung, seine Jugend, seine Krankheit, das, was aus ihm vielleicht geworden wäre, wenn….

Doch, er lässt eins zurück, nämlich die Frage: Wer war

er? Warum suchte er nicht den Kontakt. Warum suchte niemand mit ihm Kontakt außer seinen Pflegern, Mitpatienten und Ärzten?

Peter

Eine Krankheit hat ihn in großer Eile weggerafft, er war gerade 5o Jahre alt. Selten bricht in die ruhige, geordnete Krankenhauswelt der Tod so unvermittelt und bestürzend ein, so deutlich und eindeutig durch eine unbeherrschbare körperliche Krankheit.

Peter kannte eigentlich jeder. Wenn er schon von weitem laut "Guten Tag" rief, wenn er mal da, mal dort seine Besuche machte, wenn er mit unverkennbaren Gang durch's Gelände ging, wenn er bisweilen in Tränen ausbrach, um sich durch ein Wort oder einen Satz trösten zu lassen, wenn er schon Wochen vorher und manchmal auch nachher von seiner Reise in die DDR erzählte, dorthin, wo er seine Kindheit verbracht hatte, dann war er ganz unverwechselbar. Die meisten hatten Zeit für ihn, weil er nie lange redete. Er war begeisterter Teilnehmer der Mehrtagesfahrten des Krankenhauses. Er gehörte einfach dazu.

Es war schon traurig, ihn in den letzten Wochen anzusehen. Er klagte über Schmerzen. Und er sprach, das war sonst eigentlich nicht so seine Art, von Angst. Er wollte diesen und jenen noch mal sehen. Er wusste wohl, wohin es geht.

Peter war in Mecklenburg aufgewachsen, zuerst jenseits der Oder, dann in der früheren DDR. Er war schon immer krank, sagt man, um sich seinen Weg zu erklären. Als er dann in den Westen kam, lebte er bei seinem Großvater. Seine Mutter zog weit weg. Der Großvater starb mit 80 Jahren, da war Peter alleine und wurde vor 20 Jahren ins Landeskrankenhaus eingewiesen. Kontakte blieben aus der Kindheit mit seiner „weiteren" Familie bis zum Ende erhalten.

Peter war ein Mensch, der einfach da ist, der kam und wieder ging, der oft erst richtig auffiel, wenn er nicht mehr da war. Er schien auch immer ein Ziel zu haben und ließ sich nicht aufhalten. Eine seiner Lieblingsbeschäftigungen war wohl das Rauchen; ob er jedoch die Zigaretten auch genossen hat, wüsste ich nicht zu sagen. Weihnachten spielte er manchmal Mundharmonika.

Sein Tod lässt doch auch die Fragen nach dem offen, was eigentlich das Wichtigste am menschlichen Leben ist. Doch fast stellvertretend für uns wird an Peters Leben klar: des Menschen Leben ist in sich schon sinnvoll, nicht erst durch bestimmte Dinge und Erfolge, durch äußere Umstände oder eine große Hinterlassenschaft, nicht erst durch Veränderungen und Verbesserungen - Peter konnte keine Pläne zur Veränderung seines Lebens entwerfen und wolle es vielleicht auch nie, aber er lebte doch **sein** Leben und starb **seinen** Tod.

Maßstäbe

Peter und Emil, zwei Leben, zwei Maßstäbe, die manche Definition umstoßen. Ihr Leben verlief im Rahmen einer Institution unauffällig, ihr Tod ereignete sich wie von selbst. Verlusterfahrungen hielten sich in Grenzen. Sie strahlten wenig von der Angst, dem Konflikt um den Verlust ihrer Identität aus, bei dem von anderen Menschen so viel die Rede ist, wenn es ums Sterben geht. Ihre Verluste, das Verlassen ihrer unverwechselbaren Lebenswe1t hatten sie lange hinter sich. Die Funktionen ihres Lebens waren auf ein Minimum zusammengeschrumpft.

Der Verlust an gestalterischer Planung, das Fehlen von Wünschen und Hoffnung, Leben im hier und jetzt, ohne Vergangenheit und Zukunft, war das nicht vielleicht schon das, was von Menschen als ihr Sterben beschrieben wird? Nein, sie waren nicht tot, aber sie starben lange Jahre hindurch. Deshalb ließe sich auch sagen; Leben besteht aus dem, was wir leben nennen und aus dem, was wir sterben nennen. Andernfalls wäre Leben nur der aktive, der aufbauende, ausgreifende Teil, alles andere Deprivation.

Das ist der Grund, warum fast alles menschliche Leben heute in Heimen oder Krankenhäusern das heißt doch, an verborgenen Orten, endet: Die Illusion, ewig zu leben, wird durch das Vergehen, das Sterben, gestört. Der Mensch erfährt sein Leben unter dem Stichwort vergehen wie „eine Handbreit".

Das andere, das aktive wird aus dieser Perspektive zum Schein: „Sie gehen daher wie Schatten und machen sich viel vergebliche Unruhe" (Ps. 59, 7). Der Psalmist bringt seine Erfahrung vor Gott, unter dessen Namen Leben und Sterben zusammenfällt.

Wenn er es schon so erlebt, sucht er doch einen Punkt, an dem sein Sterben aufgehoben ist. Das Sterbenmüssen behält daher wie das Lebenkönnen seinen Sinn im Hinblick darauf, dass Gott beides verantwortet.

Diese Möglichkeit aber scheint in den Strukturen unserer Seele und in dem, was sie schaffen, kaum Platz zu haben. So bleibt nur die Lösung der einpoligen Lebensausrichtung, in der das Sterben allenfalls aus aufregenden psychischen Vorgängen besteht, deren Kenntnis und Verlauf den eingeweihten Fachleuten Vorbehalten bleibt. Es lässt sich beobachten, dass dadurch der Tod, also das Nicht – Mehr - Leben, schon auf die „Diagnose Sterben" vorverlegt wird. Wenn Sterben aber alles kleiner werden, Abnehmen oder Verlieren umfasst, gerät alles unter das Stichwort tot, was nicht mehr zu einer weiteren Entfaltung angeregt werden kann. Der leibliche Tod stellt dann nur noch das natürliche Ende eines sowieso nicht mehr im modernen Sinne Lebenden dar. Nicht umsonst wird die Einweisung ins Altenheim von vielen Menschen als eine Art Tod empfunden.

Hier geschieht die äußerliche Konkretisierung der inneren Seelenstruktur. Nicht aktive, auf Wachstum gerichtete Funktionen und Erlebnisweisen werden aus der Seele verbannt. Das hat zur Folge, dass auch Menschen, die diese Verhaltensweisen repräsentieren, aus dem äußeren Blickfeld verschwinden müssen. Sie werden dann Institutionen anvertraut, die nicht etwa nur bewahren und versorgen sollen, was nicht mehr aktiv und ausgreifend „funktioniert", sondern die ihre Funktionsfähigkeit in diesem Sinne wieder herstellen sollen - durch Therapie.

Wer nicht wieder herstellbar scheint, stellt für diesen Vorgang eine äußerste Belastung dar. Am Sterben, das als „Nicht wieder Herstellen Können" erscheint und erlebt wird, beginnt die eigentliche Krise unseres

Lebensgefühls und seiner Auswirkungen. Abnehmen, weniger werden durchbricht die instrumentell geschaffene Sicherheit in allen Bereichen.

„Fenster der Verwundbarkeit" lösen bei ihrer Entdeckung heftige Reaktionen aus, weil Verwundbarkeit Erinnerung an die als negativ verstandene Lebensseite sein muss. Schließlich fällt gar jede Veränderung von irgendetwas unter dem Gesichtspunkt des „Verlustes" von Sicherheit. Was als Ausgreifen und Wachsen, als Funktionieren und Sicherung dieser Funktionen schien, was zusammen Leben darstellen sollte, kehrt sich in sein Gegenteil: Leben zeigt sich nicht mehr als Wachsen und Abnehmen, Starksein und Schwachsein, Leben und Sterben, sondern lediglich als Funktionieren im Sinne der gesellschaftlichen Vorgaben, um alle Möglichkeiten von Vergehen zu verhindern oder sie wenigstens zu verringern.

Um alles Vergehen zu verhindern, wenigstens bei sich selbst, werden Mittel jeder Art herangezogen. Durch Waffen sichert sich so verstandenes Leben nach außen, durch Statistik nach innen. Die Angst vor dem Vergehen, macht das Leben zu einer nicht mehr variablen Größe, die in Statistiken festgehalten werden kann, um vor „Überraschungen", also vor Unsicherheit geschützt zu sein. Schon alleine die theoretische Möglichkeit von "Unsicherheit" löst Gegenmaßnahmen der Sicherung aus. Der "status quo" ersetzt das Leben, seine Sicherung das Sterben.

Menschen wie Peter und Emil repräsentieren den Teil „Vergehen" unseres Lebens. Sie übernehmen damit eine wichtige Aufgabe. Ihr Leben unter dem Aspekt der „Deprivation" zu verstehen, hat seinen Sinn und seine Grenzen. Wenn man sie nur so versteht, geht der Teil verloren, der das Leben zum menschlichen Leben macht. Ohne Deprivation leben hieße ja unsterblich sein, wie Gott eben. Und das ist der Sinn dessen, dass wir Verlust, Weniger werden und Schwäche als „Nicht – Leben" definieren: Wir erhalten uns damit die Illusion, das gehöre gar nicht zu uns, sondern nur zu einigen unter uns. Die Zeit, in der der Toten gedacht wird, ist Erinnerung an ihr Wachsen und Abnehmen, an ihr Leben. Sie sind vorausgegangen im Wachsen und Abnehmen. Die Beschäftigung mit ihnen - nicht der für uns nicht fassbare Zustand ihres physischen Nicht – mehr - seins - dient der Einübung ins Wachsen und Abnehmen, das dann schließlich ein jeder an sich selbst leben muss.

Das leben können bedeutet auch sterben können. In unserer Nähe gibt es Peter und Emil. Leben wäre für sie vielleicht teilnehmen am Wachsen, das sie bei uns sehen, für uns Teilnehmen am Abnehmen, das wir bei ihnen sehen. Die beiden Seiten in Kommunikation - in Austausch - zu bringen, Leben und Sterben als einen miteinander verwobenen Prozess zu begreifen, hilft dazu, die Leidenden und Stummen als Lebende, nicht als bereits Tote zu verstehen. Im Annehmen erschließt sich Leben. Deshalb ist das Sterben ein Reservat des Menschlichen. Wer es aber als Phase hochinteressanter psychischer Konflikte ansieht, wozu die Sterbeforschung beizeiten neigt, verhilft Menschen, die das Sterben weit abschieben wollen, zu einer neuen Art von Erlebnis am Leben vorbei: sie erleben auch dieses „Problemfeld" als spannende Unterhaltung - wie im Fernsehen!

Theologie in der Psychiatrie – unmöglich?

Was bedeutet die Erfahrung in der Psychiatrie für die Theologie? Anstelle theoretischer Ausführungen lassen einige Texte wahrscheinlich genauer erkennen, dass die Theologie durchaus Impulse zur Bewältigung der von der Psychiatrie und den dort behandelten Krankheiten ausgehenden Fragen anbieten kann. Die theologische Fragestellung wird ihrerseits durch die Erfahrungen im psychiatrischen Bereich elementarisiert.

Nach Gottes Willen?

Weidet die Herde Gottes, die euch anbefohlen ist, und achtet auf sie, nicht gezwungen, sondern freiwillig, wie es Gott gefällt, nicht um schändlichen Gewinns willen, sondern von Herzensgrund, nicht als solche, die über die Gemeinden herrschen, sondern als Vorbilder der Herde.

So werdet ihr, wenn erscheinen wird der Erzhirte, die unverwelkliche Krone der Herrlichkeit empfangen.

Desgleichen ihr Jüngeren, ordnet euch den Ältesten unter. Alle aber miteinander bekleidet euch mit Demut; denn Gott widersteht den Hochmütigen, aber den Demütigen gibt er Gnade.

So demütigt euch nun unter die gewaltige Hand Gottes, damit er euch erhöhe zu seiner Zeit.

Alle eure Sorge werft auf ihn; denn er sorgt für

euch.

Seid nüchtern und wacht; denn euer Widersacher, der Teufel, geht umher wie ein brüllender Löwe und sucht, wen er verschlinge.

Dem widersteht, fest im Glauben, und wisst, dass ebendieselben Leiden über eure Brüder und Schwestern in der Welt kommen.   (Petrus 5, 2-9)

In der Gemeinde, der Petrus schreibt, gab es keine Pastoren. Die Ältesten leiteten die Gemeinde. Petrus schreibt ihnen, wie sie leiten sollen. Maßstab ist der Wille Gottes, nicht irgendwelche Kirchengesetze. Die Ältesten sollen sich mit ihrer Aufgabe stellen, sollen sich freiwillig stellen und nicht einem Zwang folgen oder sich gezwungen fühlen. Sie sollen von Herzensgrund leiten, nicht, um sich damit einen Platz im Himmel zu sichern. Das alles zusammen heißt, dass sie nicht herrschen, sondern Vorbild sind. Die Jüngeren aber sollen sich durch diese Leitung ansprechen lassen.

Die Ältesten gibt es bei uns nicht mehr. Die Gesetze Gottes sind ersetzt durch ein Kirchengesetz, über das Ämter und Kirchengerichte wachen. Die Rolle der Ältesten haben die Pastoren und die Kirchenvorstände übernommen. Es kann heute nur noch im begrenzten Rahmen jemand nach dem Grund seines Herzens in der Gemeinde arbeiten, weil nicht nur Kirchenvorstände die Gemeinde lenken, sondern auch noch eine Hierarchie besteht, die den Höheren Macht gibt. So, wie Petrus es möchte, geht es also heute nicht mehr. Die Gemeinde Christi wird auch in anderer Hinsicht nicht nach Gottes Willen geleitet werden können, sondern sie nimmt vielerlei Rücksicht auf die Politiker und Machthaber in dieser Welt.

Doch ich will mich nicht mit dem aufhalten, was heute nicht mehr so ist. Klagen nützt in diesem Falle wenig. Denn bei uns hier im Krankenhaus ist die Lage anders. Wir haben zwar keine Ältesten, aber wir haben auch niemand, der herrschen will. Bei uns kommt es vielmehr im täglichen Umgang auf die gegenseitige Hilfe an. Dass wir einander helfen, das ist nämlich auch der Wille Gottes.

Eine Krankenhauspfarrstelle ist nicht dazu da, zu überwachen, zu herrschen, sondern um sich Gedanken zu machen, wie man einander bei der Bewältigung des Lebens helfen kann, wenn es nicht mehr von selbst geht, wenn sich Hindernisse von außen oder von innen in den Weg stellen. Wir glauben ja, dass das Evangelium solche Hilfe gibt und suchen deshalb Wege, sie zu finden, indem wir den Glauben an das Leiden und Auferstehen Jesu Christi mitten im täglichen Leiden suchen.

Wir wollen nach Hilfe suchen und uns gegenseitig auf sie hinzuweisen versuchen, indem wir uns zueinander so verhalten, wie es im Petrusbrief steht. Vorbilder sollen wir uns gegenseitig sein. Was heißt das? Vorbild, indem der eine den anderen nicht mit seinen Schwierigkeiten demütigt, sondern ihn zu verstehen versucht. Wenn jemand etwas überwunden hat, worunter der andere noch leidet, soll er nicht sich rühmen, dass er es geschafft hat. Er soll versuchen, den Weg mit dem anderen zu gehen. Denn das ist der Wille Gottes, der sich mit uns im tiefsten Leiden gemein gemacht hat, obwohl er es nicht musste. Er hat willig getragen, was unserer Sünden Frucht war: sein Leiden und seinen Tod. Er hat nicht geherrscht, sondern sich beherrschen lassen. Er hat keine Gesetze aufgestellt, sondern ist unter den Gesetzen der Sünde, die für den Willen Gottes ausgegeben wurden, umgekommen. Und eben das hat er nicht getan, um davon Gewinn zu haben, um nachher umso herrischer im Himmel zu sitzen und den Leiden der Menschen zuzuschauen. Nein - das hat er getan um unser Leiden zu mildern, ja zu überwinden - für uns.

Deshalb sollen wir uns prüfen, für wen wir einander zu Glauben helfen: darum, dass wir sagen können: wir haben ihm geholfen, also zu unserem Gewinn, oder darum, dass wir im Herzen, im Innersten, den Drang dazu spüren, einander von Herzen nach dem Willen Gottes als Mitmenschen anzusehen - da kann kein Zwang herrschen. Keiner muss das tun, wenn er sich nicht dazu gedrängt fühlt, kann er durch den Zwang dazu nicht gebracht werden. Nächstenliebe kann nicht verördnet werden. Sie wächst aus dem Anschauen des Leidens und der Auferstehung Christi heraus oder es gibt sie nicht.

Wenn dies aber geschieht, dann gehen wir so miteinander um, dass der eine dem anderen sein Leben lässt, er ihm nicht bestimmt, wie es zu gehen hat und was er zu tun hat. Man hat dafür oft das Wort begleiten benutzt: Wenn wir nach dem Angebot der Liebe Gottes leben, dann begleiten wir uns.

Dann werden die Gaben des einen auch für den anderen zur Wirkung kommen und ihm da helfen, wo es notwendig ist. Die, die schon weiter sind im Glauben an Gott sollen darin wie die Ältesten früher den anderen Vorbild sein. Sie sollen nicht auf die anderen herabsehen, weil sie angeblich nichts glauben. Denn der Glaube kann allein durch die Liebe wahr werden, nicht durch die Lehre. Also, die die weiter sind, sollen den anderen nicht Forderungen stellen, sondern sie begleiten; dann kann man nicht mehr trennen zwischen den wahren und den falschen Christen. Jeder kann nämlich nur ein Stück weit den anderen begleiten, wenn er sich selbst nicht dabei vergessen will.

Weil das nun so ist, muss es doch Gesetze geben, nach denen das Zusammenleben in der Kirche geregelt wird. Im Petrusbrief heißt es: Ihr Jüngeren, seid untertan den älteren. Bei uns heute ist es die Verfassung der Kirche, die das Zusammenleben da regelt, wo wir nicht fähig sind, uns freiwillig aus dem Grunde des Herzens zu begleiten. Wo aber die Gesetze die Oberhand gewinnen, da treiben sie die Freiwilligkeit und die Herzlichkeit aus.

Uns das immer wieder zu sagen: Gottes freiwillige Liebe zu uns will uns anstoßen, uns gegenseitig zu begleiten und nicht zu beherrschen. Uns das immer wieder zu sagen, wozu die ganzen Organisation der Kirche und alles Geld, das in ihr gesammelt und verwaltet und verwendet wird, da ist, dazu fordert Petrus uns auch heute noch auf, damit wenigstens regelmäßig vorgelesen werden kann: Christsein in einer Gemeinde ist nicht Leistung, nicht Herrschaft, nicht Selbstbefriedigung, nicht zum eigenen Seelenheil bestimmt, es ist dazu da, dass wir uns nach Gottes Willen begleiten.

Gemeinschaft und Gebet

> Leidet jemand unter euch, der bete; ist jemand guten Mutes, der singe Psalmen.
>
> Ist jemand unter euch krank, der rufe zu sich die Ältesten der Gemeinde, dass sie über ihm beten und ihn salben mit Öl in dem Namen des Herrn.
>
> Und das Gebet des Glaubens wird dem Kranken helfen, und der Herr wird ihn aufrichten; und wenn er Sünden getan hat, wird ihm vergeben werden.
>
> Bekennt also einander eure Sünden und betet füreinander, dass ihr gesund werdet. Des Gerechten Gebet vermag viel, wenn es ernstlich ist. (Jakobus 5, 13-16)

In diesem Hause sind viele Menschen, die Hilfe brauchen. In diesem Krankenhaus kümmern sich viele Menschen nach allen Regeln ärztlicher und pflegerischer Kunst um andere. Ein Haus, in dem Unfertigkeit und Unfähigkeit vielfach zu erfahren sind. Die Unfähigkeit, gesund zu werden, die Unfähigkeit entscheidend weiterzuhelfen, die Grenze der Fähigkeit, das innere und äußere Leben von Menschen zu heilen. Die Unfähigkeit, sein Leben allein zu führen. Aber genau so ein Bereich, in dem man Fähigkeit erfahren kann. Die Fähigkeit, trotz Leidens ein fröhlicher Mensch zu sein. Die Fähigkeit, sich ein Leben lang der Arbeit mit Leiden zu widmen. Die Fähigkeit, Leiden wenigstens zu mildern. Ich frage mich: Woher kommt es, dass die Hoffnung nicht aufgegeben wird und dass diese Arbeit weitergeht? Wer gibt Kraft, diese Sache als Gesunder und als Kranker weiterzuführen? Auch die Frage: Wer macht gesund? Was bedeutet Gesundheit hier? Was Krankheit? Dazu möchte ich den heutigen Predigttext vorlesen aus

Wollten wir aus diesem Stück Jakobusbrief eine Anweisung machen, wie wir mit Krankheit umgehen sollen, dann wären wir sicher in vielen Fällen schlecht beraten. Ich möchte diesen Satz deshalb nicht so verstehen, dass sie die medizinischen Bemühungen an Menschen durch das Gebet ersetzen möchten. Wir würden uns schuldig machen aneinander und am Leben, wenn wir unsere Möglichkeiten nicht voll ausnutzen. Wenn wir nicht eine große Hoffnung darauf setzen würden, dass menschliche medizinische und pflegerische Hilfe sinnvoll ist. Dies sind Gaben, die dem Leben grundsätzlich dienen, wenn sie sinnvoll angewendet werden. Es geht also nicht darum, durch das Gebet die ärztliche Kunst, die Hoffnung auf diese Kunst zu ersetzen. Ein anderer, elementarer Vorgang ist die Botschaft dieses Textes: Krankheit bedeutete damals und wie man vielfach sehen kann, auch heute - Ausschluss aus der Gemeinschaft. Wer ernsthaft krank wird, hatte in der Gemeinschaft der Gesunden keinen richtigen Platz oder wurde sogar ausgestoßen. Es ging so weit, dass die Kranken auch vom religiösen Kult ausgeschlossen wurden und damit ihrer Vorstellung nach die Gemeinschaft mit Gott verloren. Der Verlust der Gemeinschaft ist der elementare Vorgang des Leidens. Es bleibt keine Möglichkeit als das verzweifelte Gebet zu Gott, er möge diese Schranke wieder aufheben und das Leiden abwenden.

Aber was Jakobus nun über dieses Gebet schreibt, ist eine leise Revolution. Er bettet dieses Gebet in die

Gemeinschaft der christlichen Gemeinde ein – und er setzt es gleichwertig neben das fröhliche Gebet dessen, der guten Mutes ist. Wer krank ist, wird sich durch das gemeinsame Gebet mit seinen Mitchristen der Gemeinschaft mit Menschen versichern und Gott um Gemeinschaft anflehen. Es gibt keinen Ausschluss der Krankheit und des Leidens aus der Gemeinschaft, die durch den Glauben an Jesus gebildet wird. Das hat einen tiefen Grund im neuen Verständnis des Verhältnisses der Menschen zu Gott.

Jesus hat seinen Freunden, uns, dieses neue Verhältnis vorgelebt. Die Gemeinschaft Gottes mit uns Menschen ist etwas, was selbst durch elementare Leiden nicht zerstört wird. Gott bietet sie von sich aus an. Dies hat zur Folge gehabt, dass Jesus in seinem Leben auch Gemeinschaft zu denen suchte, die keine erlebten, weil sie angeblich nicht gemeinschaftsfähig waren. Jakobus hält grundsätzlich daran fest, dass auch der Kranke in die Gemeinschaft mit den Menschen und mit Gott gehört. Die Gesunden treten mit dem, was sie können für den Kranken ein. Beide geben die Gemeinschaft und die Hoffnung nicht auf. Jakobus gibt also keine Anweisung, wie wir mit Krankheit umzugehen haben. Der menschlichen Kunst und Phantasie des Helfens sind von daher keine Grenzen gesetzt. Es geht darum, in welchem Rahmen wir Fähigkeit und Unfähigkeit zu helfen, Fähigkeit und Unfähigkeit zur Gesundheit sehen. Diese Fähigkeit kann aus bloßer Routine bestehen. Sie kann der Verzweiflung anheim fallen. Sie kann sich in Hoffnungslosigkeit verlieren. Es kann aber auch geschehen, dass sich alle Hoffnung auf ärztliche und psychologische

Kunst konzentriert und diese zum Gott macht. Vor solcher Resignation oder Überbewertung ist kein Mensch und vor allem kein Krankenhaus gefeit.

Wir sollten uns klar machen; die Möglichkeit zu helfen und die Möglichkeit, sich helfen zu lassen, hat weit entfernt von jedem Kunstgriff darin ihren Grund, dass grundsätzliche Einigkeit besteht, dass wir Menschen es wert sind, das beste füreinander aufzubieten und der Krankheit gegenüberzutreten, dass wir Menschen uns für wert erachten, Gemeinschaft auch im Leiden aufrecht zu erhalten. Dieser Wert ist nicht ableitbar und beweisbar.

Dieser Wert eines jeden Menschen ist eigentlich nur ein Wert der Liebe. Auch wenn es verwässerte Liebe ist, falsch geleitete Liebe, versagte Liebe, die durch vieles überlagert ist wie sonst könnten wir uns einen solchen Wert gegenseitig zuerkennen?

Es gibt hier in diesem Krankenhaus Bereiche, in denen ein kleines bisschen Freundlichkeit schon ausreicht, eine solche Grundhaltung der Gemeinschaft auszudrücken. Es gibt aber auch Bereiche, in denen unter Aufbietung aller Kräfte niemals ein Funke davon überspringt. Lassen Sie uns nicht aufhören, die Gemeinschaft derer zu suchen, die helfen und sich helfen lassen, weil wir glauben, dass jedes Menschenleben Gott unendlich viel wert ist. Unsere Hoffnung, unsere Freude, unsere Liebe, brauchen wir füreinander, um diese Gemeinschaft immer wieder neu darzustellen. Sie ist ein Weg der Liebe Gottes. Unter dieser Liebe gehören Freude und Leiden zusammen als das, was wir zu bestehen und zu verstehen haben. Wer leidet, brauchte sich nicht ausgestoßen zu fühlen

- jedenfalls nicht von Gottes Liebe. Wer nicht leidet, soll wissen, dass er seine Gabe zu lindern und zu helfen, zu pflegen und zu hoffen, freundlich zu sein und aufzumuntern ein Weg der Liebe Gottes auf dieser Welt ist. Ernsthafte Freude, ernstliche Hoffnung helfen viel.

Nicht nur auf Wunder hoffen

'Wunder gibt es immer wieder ..." lassen die Patienten bei ihren Tanzfesten aus dem Lautsprecher brüllen. Kaum einer denkt darüber nach. Nach dem Tanzen geht es wieder in die Krankenhauswelt ohne Wunder zurück. Der eine lebt da seit zwölf Jahren, der andere seit zwei Monaten, die dritte ist zwei Wochen nach der letzten Entlassung wiedergekommen. Die Gefühlswelt - auch nach dem Tanzvergnügen - bleibt resignierter Realismus, von ganz wenigen Ausnahmen abgesehen.

Was soll man auch nach Jahren Aufenthalt noch allzu laut mit seinem Schicksal hadern? Wunder gibt es nicht! Da bleibt noch die Hoffnung auf einen anständigen Platz im Heim. Aber der ist nicht viel anders als das Krankenhaus.

Die Chancen der psychisch Kranken haben sich im Krankenhaus gebessert. In der Gesellschaft (noch) kaum. Was ich mich frage: Sind die Hoffnungen auf das „Wunder" verschwunden oder nur verschüttet und verdrängt? Der Verdacht liegt in der Luft, dass „Wunderhoffnungen" sich als Illusionen am Leben halten. In diesem Falle aber müssten sie gerade das „Wunder" verhindern. Sie laufen der Wirklichkeit davon, statt sie zu verändern.

Die Wunder Jesu aber verändern die Wirklichkeit. Können sie in diese verdrängte Wunder-Wunsch-vorstellung, deren andere Seite der resignierte Realismus bildet, hinein treffen? Das ist eine große Frage der kirchlichen Predigt in den Krankenhäusern, vor allem den psychiatrischen. Sie verändert die „Wundermuffeligkeit", die man überall beobachten kann. Das Wunder wird unversehens zu einer realen Kategorie. Als Beispiel möchte ich von der Heilung des Gichtbrüchigen (Markus 2) berichten, wie er in die Realität des psychiatrischen Krankenhauses gerät.

<u>2</u> Und es versammelten sich viele, sodass sie nicht Raum hatten, auch nicht draußen vor der Tür; und er sagte ihnen das Wort.

<u>3</u> Und es kamen einige, die brachten zu ihm einen Gelähmten, von vieren getragen.

<u>4</u> Und da sie ihn nicht zu ihm bringen konnten wegen der Menge, deckten sie das Dach auf, wo er war, gruben es auf und ließen das Bett herunter, auf dem der Gelähmte lag.

<u>5</u> Da nun Jesus ihren Glauben sah, sprach er zu dem Gelähmten: Mein Sohn, deine Sünden sind dir vergeben.

<u>6</u> Es saßen da aber einige Schriftgelehrte und dachten in ihren Herzen:

<u>7</u> Wie redet der so? Er lästert Gott! Wer kann Sünden vergeben als Gott allein?

<u>8</u> Und Jesus erkannte alsbald in seinem Geist, dass sie so bei sich selbst dachten, und sprach zu ihnen: Was denkt ihr solches in euren Herzen?

<u>9</u> Was ist leichter, zu dem Gelähmten zu sagen: Dir

> sind deine Sünden vergeben, oder zu sagen: Steh auf, nimm dein Bett und geh hin?
>
> <u>10</u> Damit ihr aber wisst, dass der Menschensohn Vollmacht hat, Sünden zu vergeben auf Erden – sprach er zu dem Gelähmten:
>
> <u>11</u> Ich sage dir, steh auf, nimm dein Bett und geh heim!
>
> <u>12</u> Und er stand auf und nahm sogleich sein Bett und ging hinaus vor aller Augen, sodass sie sich alle entsetzten und Gott priesen und sprachen: Wir haben solches noch nie gesehen."

Wie wirkt das Gleichnis wohl auf Leidende?

Erste Impulse könnten Ablehnung oder gar Neid sein:

Wieder so eine Heilungsgeschichte!

Warum vergibt Jesus Sünden?

Jesus als der große Wunderarzt - gibt's nicht bei uns!

Sind Sünden etwa die Ursache von Krankheit?

Aber auch positiver:

Die Heilung wird als Beweis für die Macht zur Sündenvergebung eingesetzt! Wer heilen kann, hat Macht! Das stimmt völlig, gerade heute. Das Sündigsein hat zum Menschen so dazugehört wie das körperliche Kranksein. Damit kommt auch der Ansatzpunkt für die Theologie. Sünde und Krankheit gehören schon zusammen. Aber nicht im ursächlichen Sinne, indem eins das andere bedingt, sondern im Sinne der menschlichen Existenz, als einer abhängigen Existenz.

Wenn das so ist, kann man das Sündenvergeben nicht literarkritisch oder traditionsgeschichtlich ausklammern, wie Rudolf Bultmann und viele andere es taten! Auch wenn es sich um eine Kunstgeschichte handelt, wie immer, wenn Szenen mit Volksaufläufen konstruiert sind.

Ist es leichter, eine Heilung des Körpers oder des Geistes vorzunehmen? Ist es leichter, den Menschen aus seiner Verstrickung in seinen Körper oder aus der Verstrickung in seine Vergangenheit, Zukunft, Geschichte heraus zu nehmen, ihn „sozial und gesellschaftlich zu rehabilitieren" und auch sich selbst gegenüber das zu tun? Ist es überhaupt möglich, das auseinander zu halten?

Am Ende meiner Gedanken steht die Entscheidung für ein anderes Verständnis des Wunders. Es erschließt mir eine neue seelsorgerliche Dimension. Darum versuche ich, einfach zu erzählen.

Das ist eine der Geschichten von Jesus, bei denen man ganz neidisch werden könnte. Warum ist unter uns niemand, der einfach sagt: Nimm dein Bett und gehe heim! Das wäre doch die Lösung für viele! Ich habe die Wünsche, die ich jede Woche wieder höre, im Ohr: „Entlassen zu werden, ist mein einziger Wunsch!" „Wenn der Doktor mich nur bald entlässt!" „Können Sie nicht ein gutes Wort für mich einlegen, damit ich bald nach Hause darf?" Der Wunsch nach dem Gesundsein an Geist und Körper bewegt uns hier besonders. Ja, wenn es so einen gäbe, müssten wir nur noch warten, bis er herkommt. Es gibt ihn nicht! Wohl gibt es immer wieder Menschen, die sensationelle Heilungserfolge versprechen. Meist handelt es sich aber um Sensationsmeldungen - mit der halben Wahrheit.

So einfach allerdings ging es bei Jesus nicht. Bei den Heilungen sind immer Zeugen anwesend, sie widersprechen Jesus, beschimpfen ihn oder entsetzen sich und preisen Gott. Jesus weiß immer schon, was seine Gegner denken - auch hier. Sie sprechen ihm das Recht ab, das zu tun, was er tut. Sie sagen, wer Sünden vergibt, der greift in Gottes Rechte ein! Aber ebenso, wer Kranke heilt, anstatt die Heilung Gott zu überlassen.

Damit bin ich bei der Sache, die für unseren Glauben bezeichnend ist. Bei Jesus geht es nicht um die wunderbare, sagenhafte Heilung durch phantastische Wunder; er holt einen sogar vom Teich Bethesda weg, von dessen Wasser er gesund werden sollte. Jesus zeigt immer wieder, dass gerade die sagenhaften Wunder keine sind. Der "Wunderglaube" ist gerade nicht das, was Jesus bewirken will. Es ist, als ob Jesus mit seiner Heilung sagt: Wartet nicht auf Wunder. Das ist hoffnungslos!

So will ich die Jesus-Geschichte von diesem Standpunkt aus betrachten. Die ganze Geschichte ist ein Beispiel dafür, dass das Warten auf Wunder sinnlos ist. Der Kranke hatte Freunde. Sie sagten sich: So geht das nicht weiter! Wir bringen ihn jetzt zu Jesus, vielleicht kann der helfen. Der eine war unsicherer als der andere, ob sie das ihrem Freund antun können. Er hatte wohl schon sein Schicksal hingenommen.

So zogen sie los - jeder in Gedanken, in Hoffnung, in Zweifel. Aber von Jesus hatten sie schon Gutes gehört.

Als sie ankamen, war der Weg versperrt. Neugierige verstopften den Eingang des Hauses, in dem Jesus redete. Was machen wir nun? beraten die Freunde. Jetzt sind wir schon da, jetzt muss es sofort passieren! Einer hatte die rettende Idee, das Dach aufzureißen und den kranken Freund Jesus einfach vor die Füße zu legen. Der Kranke war nun doch sehr erstaunt, was mit ihm alles angestellt wurde. Seine Gedanken wurden jäh unterbrochen, als Jesus ihn begrüßte und sagte: Deine Sünden sind dir vergeben. Spricht er mit mir? dachte er. Ja, ganz offensichtlich, er meint mich.

Jesus hatte gemerkt, dass die Freunde, die den Mann gebracht hatten, voller Hoffnung waren. Er sah ihr Vertrauen. Solches Vertrauen wiegt alles auf, was sie sonst falsch machen. Wer so vertrauen kann, weiß auch, wie Gott ist und setzt auf ihn Hoffnung. Ich habe ihm die Sünden vergeben, weil ich meine, dass ein Mensch mehr ist als sein Körper. Der Kranke trägt auch noch eine andere Lebenslast mit sich herum als seine Krankheit.

Oft hat er vielleicht voll Neid gegen die Gesunden darauf gewartet, dass alles einfach so kommt, als wäre er nie krank gewesen. Oft war er sicher voll Ungeduld über Gott und die anderen und hasste sie alle.

Der Kranke sah sich plötzlich bedroht, fühlte sich nackt. Da waren Leute, die ihm nicht gönnten, dass Jesus so verständig mit ihm umging. Ihm wurde es unangenehm zumute. Hätte er gekonnt, hätte er sich lieber verkrümelt.

Und nun fängt Jesus auch noch Streit an. Er sagt den Leuten auf den Kopf zu, dass sie etwas Schlechtes denken. Nach ein paar Minuten war der Streit zu Ende. Jesus wandte sich ihm wieder zu und sagte: Steh auf, nimm dein Bett und gehe. Es kam ihm gar nicht in den Sinn, dass er das ja bisher gar nicht konnte.

Er packte sein Bett zusammen und verschwand damit zum Entsetzen der Leute, die zuschauten. Er wusste jetzt, was geholfen hat.

Zum diesem Wunder gehört die Bewegung. Wer nur auf ein Wunder wartet, weil er dann nichts tun muss, der wird wohl lange warten. Hätten die Freunde des Kranken auf das Wunder gewartet, er wäre nicht mit dem Bett weggegangen. Zum Wunder, das Gottes Liebe vollbringt, gehört es, dass wir uns in Bewegung setzen, so gut wir können. Dass jeder, der es kann, für einen anderen mitdenkt, ihn mit in Bewegung bringt. Das kann äußerlich sein oder innerlich - durch aufmunternde Worte und Zureden kann man genauso jemand in Bewegung setzen wie mit Taten. Aber die Bewegung alleine ist nicht genug. Ohne Vertrauen ist sie ein irrsinniger Leerlauf.

Wer schließlich so weit ist, dass er aus Vertrauen auf die Liebe Gottes, die Unmögliches möglich macht, in Bewegung ist und andere in Bewegung setzt, der wird auch den finden, der ihm die Last seiner Sünden und seines Lebens abnimmt. Jesus nimmt dem Gichtbrüchigen die Last ab. Das Entscheidende: Er sagt nicht, alles ist jetzt vergessen, was je war. Du bist gesund, als wärest du nie krank gewesen. Das wäre das Wunder, auf das wir bei Jesus nicht zu warten brauchen.

Der Glaube an die Liebe Gottes macht auch aus sündigen, zu Krankheit und Schwäche neigenden Menschen keine „strahlenden Helden".

Der Glaube macht aus uns Menschen, die sich und ihre Schwäche, Sünde, Krankheit tragen können. Das ist keine Sensation. Aber das ist ein Wunder! Wir brauchen die vielen Wunder nicht, die angeblich möglich sein sollen, wenn man die Hände in den Schoß legt! Die Wunder Jesu haben nur die gespürt, die sich und andere Menschen in Bewegung setzen, an die Liebe Gottes glaubten! Das Ergebnis heißt, ich kann mich, meine Krankheit oder mein Leben tragen, weil Gott es trägt!

Was können wir tun? Jeder in seiner Lage? Einer kann den anderen auf dem Weg zum Vertrauen mitnehmen. Mut machen, sich kümmern! Die Sensation bringt nichts Neues in unser gemeinsames Leben hier. Aber Vertrauen zu Gottes Liebe kann wachsen. Dann ist das Wunder auch nicht mehr weit.

Der Rückfall

Ein Problem, das uns alle immer beschäftigt und in Atem hält, ist der so genannte Rückfall. Eine Krankheit, die vorbei scheint, kommt wieder. Wenn sie wiederkommt, dann umso heftiger.

Das gilt für alle Krankheiten, für körperliche genauso wie für seelische. Das körperliche soll uns aber heute nicht interessieren. Das seelische ist weitaus quälender. Da denkt man, nun sei die Krise vorbei, das Leben könne normal weitergehen, die Entlassung steht bevor oder ist bereits erfolgt, es scheint alles in Ordnung. Man muss sich noch einer Nachbehandlung oder einer länger dauernden ambulanten Behandlung unterziehen, aber das ist weniger schlimm, als es vorauszusehen war. Es geht auf und ab, durchwachsen, wie man so sagt, bis eines Tages überraschend oder allmählich mit Angst und Sorgen oder mit anderen Schwierigkeiten oder auch scheinbar ohne jeden Grund ein Rückfall kommt. Das bedeutet wieder Krankenhausaufenthalt, wieder von vorn anfangen, vielleicht noch schwieriger als vorher; wenn beim ersten Mal der Arbeitgeber noch willig auf die Rückkehr an den Arbeitsplatz wartete, beim zweiten Mal wird es schwieriger, den Arbeitsplatz zu behalten. Wenn die Familie beim ersten Mal noch voller Hoffnung mitgeholfen hat, beim zweiten Mal wird auch sie von Zweifeln geplagt, wie es nun weitergehen soll. Die Freunde und Bekannten, die beim ersten Mal noch zu Besuch kamen, kommen seltener - ich brauche das nicht weiter auszuführen, die meisten von Ihnen kennen das.

Der Rückfall ist auch bei manchen Krankheiten etwas, auf das geradezu mit Erschrecken gestarrt wird. Mancher kann sich kaum wehren und ist darauf fixiert, wie das Kaninchen auf die Schlange. Die Gedanken beginnen nur noch um den Rückfall zu kreisen und nun ist schon ein heimlicher Gedanke für manchen so anstrengend wie der Rückfall selbst. Wenn es wiederkommt, ist das wie Kapitulation!

Umso erstaunter war ich, als ich mit plötzlichen Aha-Erlebnissen einen Abschnitt aus dem Matthäusevangelium las, den ich eigentlich gar nicht lesen wollte; der Rückfall scheint ein altes Problem zu sein:

> 43 Wenn der unsaubere Geist von dem Menschen ausgefahren ist, so durchwandelt er dürre Stätten, sucht Ruhe und findet sie nicht.
>
> 44 Da spricht er denn; Ich will wieder umkehren in mein Haus, daraus ich gegangen bin. Und wenn er kommt, so findet er's leer, gekehrt und geschmückt.
>
> 45 Dann geht er und nimmt zu sich sieben andere Geister, die ärger sind als er selbst; und wenn sie hineinkommen, wohnen sie allda; und es wird mit demselben Menschen hernach ärger, als zuvor war. So wird's auch diesem argen Geschlecht gehen.   (Matthäus 12)

Es täuscht nicht. Es handelt sich bei diesen Sätzen aus Matthäus nicht um unsere Welt, sondern eine vergangene. Krankheiten jeder Art wurden damals als Folge des Besessenseins von bösen Geistern verstanden. So verstehen wir das heute nicht mehr, obwohl es noch genug Krankheiten gibt, bei denen man nichts Genaues weiß ... Obwohl aber heute ein ganz anderes Bild vom Entstehen einer Krankheit herrscht, gilt doch die Erfahrung heute noch genau so.

Es gibt viele Bilder in der Bibel, in denen das Böse, das Krankmachende als Geist geschildert wird, der umherschweift und ein Opfer sucht. Vom Teufel heißt es, er gehe umher wie ein brüllender Löwe und suche, wen er verschlinge. Wer ihm nicht entgegenzusetzen hat, der fällt ihm zum Opfer. Soviel anders ist die Vorstellung heute nicht. Wir sprechen von körperlichen und seelischen Abwehrkräften, die die stets gegenwärtigen Viren und andere Krankheitserreger nicht zum Ausbruch kommen lassen. Und wir wissen, wer keine feste Meinung hat, wird leicht das Opfer von irreführenden Informationen und Einflüsterungen. Deshalb werden in der Erziehung der Geist und die Seele geschult und gelehrt, selbstständig zu sein. Wer diese Kraft zur eigenen Bewältigung nicht erlangt, wird von anderen benutzt und missbraucht, wird ihr Opfer.

Darin besteht eine große Ähnlichkeit im Denken zwischen damals und heute. Und nun zeigt die Vorstellung von dem umherschweifenden Geist das, was für die Abwehr des Rückfalls besonders wichtig ist. Doch bevor ich darauf eingehe, ein paar Worte, über die Bibel.

Wenn wir sie heute richtig lesen und verstehen, ist sie ein Buch zum Leben. Sie zeigt nämlich, wie das Leben gedeihen und gefördert werden kann, sie gibt damals wie heute größere Möglichkeiten, uns und unsere Welt zu verstehen. Und darin zeigt sich noch etwas anderes. Die grundlegenden Wahrheiten sind alle sehr einfach. Sie erscheinen in Gestalt von Bildern und Erzählungen. Sie lassen sich auf kurze Sätze reduzieren. Darin bieten sie auch die Möglichkeit, sie für jeden in seiner eigenen Art anzuwenden. So ist die Bibel ein Lebensbuch, das die Grundwahrheiten des Lebens treffend zusammenfasst, und sie mit bestimmten Personen und deren Leben verbindet. Wenn man die Bibel so liest, leuchtet manches aus ihr ganz unmittelbar ein und führt dazu, sich selbst verstehen zu lernen.

Die Wahrheit, die aus diesen Sätzen kommt, ist ungeheuer wesentlich für uns alle. Der Geist fährt aus einem Menschen aus. Das gelingt auch heute oft, dass Krankheiten gebessert oder beseitigt werden können, wenn sie erst einmal erkannt und unter fachkundiger Behandlung sind. Dann ist diese ‚Krankepisode' vorbei, doch die Krankheit ist damit nicht besiegt, sie sucht weiter ihre Opfer. Wenn nun die Krankheit als böser Geist verstanden wird, kann sie natürlich auch denken. Sie will nach Hause zurück. Bei seinem Opfer hat es ihm gut gefallen. Ist es nicht so, dass auch dem Opfer die Krankheit oft ganz gut gefällt. Sicher nicht die Krankheit, die zum Tode führt oder schwere körperliche Krankheiten. Bei vielen seelischen Krankheiten kann ich mich aber doch des Eindrucks nicht erwehren, dass es sich zumindest um eine Hass-Liebe handelt. Oft ist mit der Krankheit irgendein Gewinn verbunden.

Es ist ja viel weniger anstrengend, sich in einem Krankenhaus versorgen zu lassen als sich draußen alleine durchzuboxen, oder gar im Winter unter einer Bank zu schlafen, die von den städtischen Arbeitern im Herbst abmontiert wurde. Selbstständigkeit und Abwehrmöglichkeit gegen seelische Schwierigkeiten, die die meisten Menschen nicht nur einmal im Leben heimsuchen, ist mit einem harten Ringen um Erkenntnis des Lebens und um Bescheidung mit dem Gegebenen zu erreichen.

Was Wunder, wenn viele manchmal und manche immer sich lieber durch allerhand Schwierigkeiten heimsuchen und beeindrucken lassen statt sich zu stärken.

Nun kommt aber das Problem, das die Bibel mit dem Bild von den unsauberen Geistern ausdrückt: Die

Krankheiten, die Macht über uns gewinnen, sind ja nicht mit einem Teil des Körpers oder der Seele abgetan und abgemacht. Ein krankes Organ schädigt ein anderes mit, das mit ihm zusammenhängt. Der Körper beeinflusst die Seele und die Seele den Körper. Wenn der Rückfall da ist, dann muss er oft mit einer Verstärkung bezahlt werden. Oder in den Worten der Bibel: der eine Geist bringt sieben andere mit. Er will die Macht über den ganzen Menschen.

Die Bibel erklärt auch, warum er einfach so mit seinen sieben Gehilfen einziehen kann. Das Haus, der Mensch, ist unbenutzt, er hat keinen anderen in sich aufgenommen. Daher geht es ganz leicht. Und genau das ist der wichtigste Punkt. Wenn einmal eine Krankheit, besonders eine seelische, behandelt wurde, muss gegen den Rückfall ein Damm aufgebaut werden. Es müssen Abwehrkräfte entwickelt und gestärkt und verankert werden. Das Haus braucht einen Bewohner. Der Mensch braucht ein Inhalt und ein Ziel, damit er seine Richtung weiß.

Damit nicht allerhand böse Geister bei uns einziehen oder wieder einziehen, rät die Bibel, als Abwehrkraft das Vertrauen auf Gott zu stärken. Der Glaube soll vor bösen Geistern, vor der „Instandbesetzung" durch Resignation, Hass, Habgier, Neid und vielen anderen Herrschern schützen.

Was heißt Glaube? Dass es nicht abwärts geht mit der Welt, dass sich Möglichkeiten finden, mit Krankheiten fertig zu werden, dass jeder seinen Weg finden kann, dass auch in der ausweglos erscheinenden Lage sich ein Weg finden wird. Das alles kann sich nicht jeder immer wieder selbst sagen. Das muss eingeübt wer-

den; Hoffnung haben, Wege finden, Hass überwinden, Neid wegwerfen kann eingeübt werden.

Gegen den Rückfall also hilft die gemeinsame Einübung von Abwehrkräften. Und wenn er trotzdem
immer wieder vorkommt, liegt kein Grund vor, ihn für
mächtiger zu halten als den Glauben.

Die bleibende Stadt

„Denn wir haben hier keine bleibende Stadt, aber wir
suchen die zukünftige."   (Hebräer 13,14)

Dieser Satz aus dem Brief der Hebräer drücken eine
menschliche Grunderfahrung aus: Wir Menschen
bleiben nicht wie wir sind. Wohl bleiben wir manchmal, wo wir sind. Manche werden auch schlicht gezwungen, zu bleiben, wo sie sind.

Aber bleiben, wie wir sind? Wir haben alle irgendwelche Ziele, in diesem oder jenem Punkt nicht so zu
bleiben. Als Kind dankt man daran, erwachsen zu
werden, auch alles zu kennen, und zu dürfen, wie die
Großen. Wenn man dann erwachsen ist, denkt man
daran, wie es wäre, wenn die Verantwortung weniger
wäre. Wenn man sich im Leben nicht wohl fühlt, sich
selbst nicht versteht oder unter etwas leidet, denkt
man daran, wie es wäre, wenn all die Leiden und
Anforderungen vorbei wären. Wenn sie dann vorbei
sind, ist es auch nicht recht, dann wird das Leben
uninteressant.

Wer eine Krankheit oder eine Schuld mit sich herum-
trägt, denkt, es wäre besser sie nicht zu haben und
hofft auf den Tag, an dem sie abgetragen oder geheilt
ist. Dass Menschen keine bleibende Stätte haben,

sondern sich Neues wünschen, wissen auch die Werbefachleute sehr gut! Sie werden extra dafür bezahlt, Wünsche von Menschen nach anderem, besserem, zu erkennen und ihre Erfüllung zu versprechen.

Schließlich wissen wir alle, dass das menschliche Leben nicht bleibt, sondern vergeht. Daran knüpft sich überall auf der Welt der Versuch, es doch bleibend zu machen oder wenigstens an die Unsterblichkeit zu glauben.

Weil die Grunderfahrung, keine bleibende Stadt - Wohnstadt zu haben, viele Gesichter bat, deshalb hat der Satz auch zwei Teile: Wir haben hier keine bleibende Stadt, der erste Teil ist ein gewissermaßen bedrohlicher und befreiender Satzteil. Um sich den bedrohlichen Teil noch klarer zu machen, hilft die Erinnerung an Zeiten, in denen Städte, Wohnungen in Städten, ganz wichtig waren. Städte boten Schutz vor äußeren Feinden und von den Unbilden des offenen Landes, auch vor wilden Tieren. Wer in den Städten nicht bleiben konnte, war sehr gefährdet. Ich erinnere an die Wanderung des Menschen zwischen Jericho und Jerusalem, die das Gleichnis vom barmherzigen Samariter einleitet. Und die Christen der ersten Zeit konnten oft nicht in Städten bleiben. Sie wurden schon bald nach Jesu Tod verfolgt.

Jesus selbst wurde außerhalb der Stadt hingerichtet. Und auch Jesus hat gesagt: Vögel unter dem Himmel haben Nester, aber der Menschensohn hat nicht, wo er sein Haupt hinlegen kann. Als er seine Jünger ausschickte zur Mission sagte er, wenn man sie irgendwo nicht haben wolle, dann sollen sie den Staub von ihren Füßen schütteln, d.h. weitergehen in die nächste Stadt.

Christen waren also umherziehende Menschen, jedenfalls häufig. Sie mussten oft den Schutz der Stadt entbehren, weil sie etwas anderes glaubten, als die meisten Bewohner der Städte und vor allem als die Machthaber. Das hat sich geändert, jedenfalls in vielen Weltgegenden.

Man sprach schon vom Volk Israel als dem wandernden Gottesvolk. Das wurde auch auf die Kirche übertragen. Doch oft war es der Kirche und den Christen leid, keine feste prächtige und bleibende Stadt zu besitzen. Sie bauten dann Städte und Kirchen und eine feste Struktur der Kirche, in der alles genau festgelegt wurde, was Christen zu tun und zu lassen, zu glauben und nicht zu glauben haben.

Doch zurück zur Stadt, die keine bleibende ist. Wer äußerlich nicht bleibt, wo er ist, der bleibt auch innerlich nicht, wer oder was er ist. Das hängt miteinander zusammen. Im Evangelium steht auch etwas darüber, dass wir innerlich nicht gleichbleiben. Jesus stimmte Johannes dem Täufer zu mit der Aufforderung, Buße zu tun und sich zu ändern. In der Reformation wurde das neu entdeckt und von Martin Luther in die Aufforderung zur täglichen Buße umgesetzt.

Sie steckt also tief drin im christlichen Glauben, diese Erfahrung. Vielen kommt diese Erfahrung als eine Art Heimatlosigkeit vor. Manche Christen haben auch die Heimatlosigkeit zu ihrem Prinzip gemacht, welche, die es besonders streng nahmen und sagten, man müsse das Wort Gottes auch äußerlich immer genau erfüllen.

Die meisten von uns haben Heimatlosigkeit auch gespürt und fühlen sich innerlich heimatlos. Genau dafür gilt aber der zweite Teil des Satzes: „… die zukünftige suchen wir."

Christen sind nicht heimatlos, weil sie die Heimat nicht wollen, sondern weil sie die neue, die wirkliche Heimat suchen, oder sie bereits als Ziel vor sich haben. Wie sieht die zukünftige Stadt aus?

Sie wurde beschrieben als das himmlische Jerusalem. Eine Stadt, in der Gott allein herrscht und wo sich seiner Herrschaft ohne Zwang und freiwillig alle Menschen und Völker anschließen. Im himmlischen Jerusalem hat jeder seinen Platz keiner muss auf Wanderschaft oder Flucht, weil es dem anderen gefällt, ihn nicht anzuerkennen. Ein jeder ist anerkannt, einfach weil er da ist. Es gibt nicht Krankheit und Not, nicht Ungerechtigkeit und Hass, die Sucht hört auf.

Ein solches himmlisches Jerusalem ist ein Bild, ein Gleichnis, das von Menschen erdacht wurde. Es gab auch andere Möglichkeiten, das Gemeinte auszudrücken: Gottes Stadt ist die, wo mit dem Herzen regiert wird und nicht mit dem Schwert, mit Macht und Strafe. Gottes Stadt kann also überall sein, wo Menschen nach ihr suchen und einander anerkennen, wie sie sind.

Nun sehen wir auch, warum trotz der bleibenden Wohnorte der Menschen ihre Stadt nicht bleiben kann. Den meisten Menschen reicht es nicht aus, sich eine zukünftige Stadt zu suchen, sich von ihrem Herzen leiten zu lassen. Wir wollen doch zu gerne auch Macht über andere und über die Geschehnisse gewinnen. Deshalb versuchen wir, die Stadt, die Stelle an der wir leben, zur festen Burg zu machen und über die Erkenntnis hinwegzugehen, dass die menschliche Stadt keine feste ist.

Wer Feindliches will, kann es über alle Hindernisse hinweg mit grausamen Waffen. Deshalb haben wir die besondere Möglichkeit, uns über die Erkenntnis des Glaubens zu freuen, der uns auffordert, die zukünftige Stadt der Barmherzigkeit zu suchen und jetzt schon von ihr und in ihr zu leben versuchen.

Die menschliche Grunderfahrung, dass wir nicht so bleiben können wie wir sind, dass die Stadt um uns herum nicht unveränderlich ist, genau wie wir selbst, dass wir im Leben vor neue Erkenntnisse und neue Aufgaben gestellt werden, die zu leben jedem einzelner aufgetragen ist. Die Erfahrung, dass es gar nicht geht, sich so an der Stelle, an der man gerade ist, festzusetzen, die Hoffnung, dass es nicht immer so bleibt, wie es gerade ist: die ganze Doppeldeutigkeit der Erfahrung von immer neuem Erleben ist für uns eine Aufforderung, die zukünftige Stadt Gottes zu suchen.